HANDBOOK OF

信息社会 50 人论坛 主编

互联网经济治理手册

社会科学文献出版社
SOCIAL SCIENCES ACADEMIC PRESS (CHINA)

题；另一方面，在互联网经济发展中，又遇到很多瓶颈。两个方面的问题，都要认真对待。

互联网经济的治理也出现了一些问题：一方面是该治理的不治理，该作为的不作为；另一方面就是乱治理、乱作为。

不治理的情况，现在社会上的反映比较多。我们围绕着"新经济、新动能"的主题，在创新做得比较好的地区进行了调研。我们走访了一百多家企业，与各地政府部门进行交流后切实感受到，互联网经济治理不是一件容易的事情。我们总结了一下，即"不好干，干不好，不干好"。"不好干"，即这些工作确实是不好做，从政府的角度去干，要么是给钱促进发展，要么就是加强管理，工作不好做，也不好管。"干不好"，即不知道怎么去管理，对新事物不懂的情况下，没有及时学习就更棘手。"不干好"，即在发展过程中，有时候明明是需要相关政府部门给予新政策支持的情况下，政府部门总是回避。按原有法律规定某些新业态是违法的，看能不能做政策上的改进，某些政府部门又不愿意动，让从业者等等看吧。该管理的不管理也会出问题，如互联网金融发展遇到了问题，后来的管理逐步加强了。如果一开始就能周密研究、科学管理，可能不会出那么多事情，完全可以少走一些弯路。

与"不治理"相对应的是"乱治理"，就像得病了不管实际情况是怎么样的，就乱用药。本来很简单，稍微改变一下做法就能解决的问题，用现有信息技术手段能够解决的问题，仍沿用原来的思路和手段，使蛮力、杀鸡用牛刀，是常见的乱象。沿用老办法，使用落后工具，如此下去，"乱治理"未来带来的问题会更多，新生的互联网经济企业普遍反映，这么干下去只有死路一条。

同样一件事情，以前可能分得很清楚，几十个部门一分，每个部门各分一块，基本上解决了。现在一旦有问题，牵扯部门过多，好干的事情大家都抢着去干，不好干的事情大家都往后退。治理的主体和客体是什么？治理的目标是什么？需要深入讨论。

农业社会，基本上就看生产了多少粮食，有多少亩地，能养活多少人口，工业社会主要是看 GDP。以前评估政策的效果，以是否有利于 GDP 增长，是

序

互联网经济治理的重要意义

张新红[*]

国家信息中心信息化研究部

我们之所以要开展互联网经济的治理研究,是因为两个问题的日益凸显,这两个问题分别是互联网经济发展本身的问题、互联网经济治理的问题,它们构成了互联网经济治理研究的时代背景。

互联网经济发展带来了一些问题。经过长时间发展,互联网经济已经不是一棵小树苗,它长大了,其体量与十多年前相比,已相当可观。正因为互联网经济的体量大了,所以一有风吹草动,带来的影响就很大,各界的关注也就增多了。互联网经济发展初期,多数人不关注这一领域存在的问题,觉得对社会没有直接影响,即便有问题,与体量庞大的传统经济相比,也不值一提。互联网经济发展到如今,关注的人显著增多,各方都有自己的考虑,但目标取向和任务取向千差万别。以前各政府部门不愿意管的事现在都愿意管了,如今他们认为互联网经济方面的问题是牵一发而动全身的,跟互联网经济治理相关的小事情经过发酵,也会产生大的社会影响。

现阶段互联网经济发展也遇到了一些棘手问题,需要着力解决。尤其是在创新发展新业态方面,如果它们发展中面临的棘手问题得不到妥善解决,成长势头便会受到抑制。创新总是在原有规章、管理方式适用范围的边界地带产生。在调研过程中,各政府部门达成了共识:现在几乎所有的创新行为都会遇到依法行政问题。政府部门认为,当前创新发展与依法行政矛盾突出。互联网经济企业非常困惑,一方面,互联网经济发展可能自身存在着某些问

---

[*] 张新红,信息社会50人论坛轮值主席、国家信息中心信息化研究部主任、研究员。

否有利于就业增长为准绳。互联网时代，沿用 GDP 作为衡量标准，看互联网经济带动了多少 GDP 增长，显然不完全适用了，很多时候要将网络外部性带来的社会效益考虑在里面，社会福利的总目标改变了。

互联网经济治理的问题，包括力度、时机、工具的选择，研究也刻不容缓。法律法规、治理方式要加快研究，跟上互联网经济发展的步伐。

现在到了关于互联网经济发展理论创新的机遇期，抓住这个机会，我们对互联网经济的理解就能上一个新台阶。通过相关研究，提出一些对症下药促进互联网经济发展的方案，既解决互联网经济自身存在的问题，又减少互联网经济发展瓶颈，将是非常有意义的一件事，可以为互联网经济发展创造良好环境。

在关于互联网经济的认知方面，能不能推出新理念、凝聚共识，十分重要。如果每个人都从自己的角度看世界，那么每个人看到的世界都是不一样的。矛盾冲突不可避免，认知不一致是根源。建立关于互联网经济治理的一整套理论框架迫在眉睫。希望通过对互联网经济治理的研究，多种途径把研究成果传播开来，形成讨论氛围，同时力求对相关部门的政策制订、标准设立和立法进程能够产生直接支撑和有效推动。

目 录

第一部分　互联网经济治理理论：研究进展与共识 …………… 001
　互联网经济治理的核心问题 ………………………… 薛兆丰 / 003
　互联网经济治理的重要转变 ………………………… 杨　健 / 009

第二部分　互联网经济治理实践：平台观点与举措 …………… 015
　电子商务领域：淘宝推动规则演进 ………………… 孟　晔 / 017
　社交网络领域：微信发力原创维护 ………………… 蔡雄山 / 032
　智慧交通领域：滴滴关注安全保障 ………………… 薛　岩 / 045
　跨境电商领域：考拉强调体验优化 ………… 王　佳、周晓倩 / 050
　网络文化领域：乐视审视成长环境 ………… 贺劲松、李静恬 / 061
　通信服务领域：运营商直面治理难题 ……………… 李乃青 / 080

第三部分　互联网经济治理热点：方案探讨与选择 …………… 095
　市场准入的边界 …………………………………… 阿拉木斯 / 097
　知识产权的深意 …………………………………… 阿拉木斯 / 112

食药监管的效能 ······ 徐伟红 / 130
竞争政策的导向 ······ 张晨颖 / 135
数据获取的范围 ······ 步　超 / 149
税收政策的关切 ······ 张　斌 / 160
消费者保护的路径 ······ 周　辉 / 177
信息安全的内涵 ······ 杜跃进 / 188
普惠贸易的趋向 ······ 王　健 / 192

第四部分　互联网经济治理展望：从 0 到 1 与深化创新 ······ 199
互联网经济治理的发展动向 ······ 阿拉木斯 / 201
发现面向未来的互联网经济治理创新 ······ 高红冰 / 206

第一部分
互联网经济治理理论：研究进展与共识

互联网经济治理的核心问题

薛兆丰 *

北京大学法律经济学研究中心

20 年前,我是第一批使用互联网的人,那时候社会上对我们这种人有一个别称,叫作"网虫"。在他们看来,上网是一种另类的消遣模式,但到今天,上网已经贯穿到我们生活的每一个现实的场景——新闻、社交、购物、交通、支付、借贷、娱乐和教育,不再是消遣了。

我在 APP 上找一家餐馆,用支付宝或者微信付钱,半小时内快递小哥把食物送到家门口。我想问大家,这是实体经济,还是虚拟经济?你会说,这么问很幼稚,实体经济跟虚拟经济分不开。

我们买辆车带家人去郊游,我们去餐馆吃一顿烛光晚餐,到电影院看一场电影,请问这是精神享受还是物质享受?你也会说,这么问很幼稚,物质和精神分不开。

今天很多人喜欢把实体经济和虚拟经济对立起来。我认为确实不对。你还喝水吗?你还用空调吗?我们还喝水,我们还用空调。虚拟经济或者数字经济其实带动和补充了实体经济。问谁替代谁,这个问题没有意义。你要问的是,这家实体经济怎么样了?你们家的水卖得怎样了?你们家的空调卖得怎么样了?

线上和线下已经分不开了,大量的线下生活,已经搬到了线上,用互联网的方式来处理了。这个时候,互联网平台的治理成了突出的问题。这个问题从来没有像今天来得这么急迫。

2016 年开始,我们来自十几个政产学研不同机构的人,忽然发现我们坐

---

* 薛兆丰,信息社会 50 人论坛成员、北京大学国家发展研究院教授、北京大学法律经济学研究中心联席主任。

在一起一道研究互联网平台治理，比我们单独研究自己所熟悉的那个平台，比以往任何时候都更迫切、更有收获，也更有意义了。互联网平台治理，各平台有各平台的精彩故事，但也有许多共性，我们应该记录下来，再做些提炼。这就是《互联网经济治理手册》产生的背景。

我们把互联网治理概括为4个基本问题。

第一个基本问题：产权归谁？

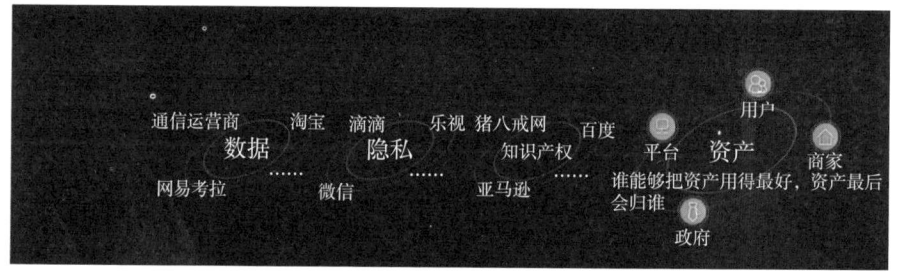

图1　互联网经济治理核心问题之一：产权归谁？

互联网经济产生了许多新的数据。数据就是资产。一个人逛淘宝店，逛店的轨迹数据，到底应该归谁？是归消费者，还是网店，还是淘宝平台，还是政府？大家都觉得自己有自己的道理，整个博弈的过程也会相当漫长，但我们相信，整个治理的规则，会朝着一个平衡点去移动。

这个平衡点，就是数据资产价值的最大化。谁能把数据用好，数据就更可能是谁的。那些能尽量把这个资产所具有的潜在的价值发挥到最大的治理规则，能够使数据资产发挥最大效益的产权界定原则，就是好的规则，就是稳定的规则，就是大家都愿意遵守的规则，就是能活下去、活得好的规则。

Kindle手机阅读器上面，我们阅读时顺手滑的下划线，这个下划线的信息知识产权归谁？是读者、作者，还是亚马逊平台？实际是归亚马逊平台。在我们购买了Kindle，第一次使用时，就接受了协议，把知识产权归亚马逊了。我认为这个界定是合理的，原因很简单，那是因为由亚马逊平台使用这些信息时能产生的价值，要比每位读者把这些藏起来当作自己的隐私的价值要大得多。

同样，政府机关，特别是公安机关，也会问平台要数据。这当中有博弈，当然也有平衡，但我相信最后的结果不会一边倒，既不会让政府拿到所有的数据，个人也不可能绝对地保有隐私。这当中有一个平衡点，谁把数据运用得越好，他就越可能也越应该掌握数据。

第二个基本问题：责任归谁？

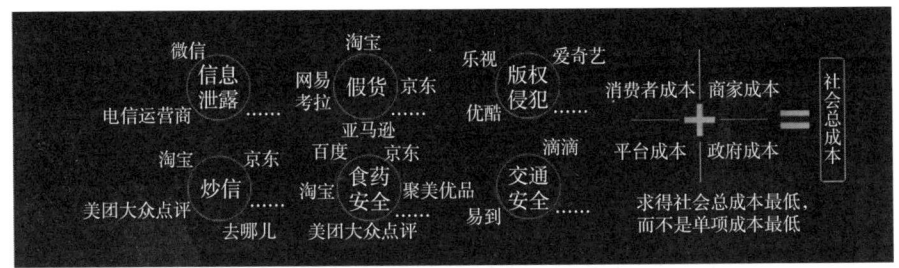

图2　互联网经济治理核心问题之二：责任归谁？

例如，一个消费者在淘宝平台上面买了一件假货，他的权益受到了损害。如果说责任完全归消费者的话，那么对消费者的损害就达到了最大。如果把责任推给平台，那么平台就要承担很大的成本，这不仅包括赔偿的成本，还有管理的成本，平台要雇很多人运用独创性的技术来进行打假。确实，阿里平台也一直在使用这些技术，但是它也不能承受无限责任。

有人说，能不能让政府来担责？政府来做，能像平台那样，能雇那么多人吗？能用上这么先进的技术吗？我们都知道，监管部门的一个处室，里面就几个人。你要他们几个人把全国的假货管起来吗？把全部化妆品的质量管起来吗？这显然不大可能。

他们不应该承担这样的责任。非要让他们承担这样的责任，他们就把平台给关了。把平台给关了，官员算是能够交差了，但是这时候呢，又会产生另外一个更大的成本，那就是全社会丧失了互联网交易平台的所有好处。

这时候，整个社会所承担的成本，要比部分的消费者买到一些假货所要承受的成本大得多。所以，我们应该追求的，不是单独一方的责任最大化或单独一方的成本最小化，而是整个互联网治理的社会总成本的最小化。我们知道制度的演化是漫长的，但它朝着一个方向去迈进：怎样的责任分摊能够使全社会总的治理成本最小化，怎样的治理体制就是合理的。在这当中，没有谁是完全免责的，也没有谁是负全责的，那将是一个平等的协同治理的生态，而不是自上而下的命令体系。

第三个基本问题：谁来试水？

图 3　互联网经济治理核心问题之三：谁来试水？

我们面前有两套哲学。一套是说，凡有新生事物，我们先制定法律对其约束，先有规范，再按照规范发展；另外一套是先让新事物发展，先让子弹飞一会儿，如果出现重大的问题，法律和管制再跟进。

显然是后一种哲学更合理，更贴近现实。法律和管制，总是对现状的确认，是法律和管制适应社会发展，而不是社会发展适应预定的法律和管制。

如果在互联网约车还没发展起来之前，就先让交通部门里那些管出租车的人来制定法规的话，那我们今天互联网约车的轴距就肯定是 2.6 米以上，肯定还有数量管制和价格管制，计价器就肯定是出租车上的计价器，而不会是诸位的智能手机。

又例如市场准入问题。2010 年，国家工商总局 49 号令，确认了自然人只要向互联网平台申报他们的真实身份，他们就可以展开网上的经营。这样门槛一下子降低了以后，电子商务就蓬勃发展起来了。这是电子商务发展历史上的重要的制度创新，具有国际的示范意义。

至于电商到什么阶段要进行工商登记，应该给他们以自由选择。这跟我们谈恋爱是一样的。例如，我们先是同学、同事，后来成为恋人，后来再去登记结婚。如果规定谈恋爱以前就必须到民政局登记,那么民政局不堪重负不说,世界上绝大多数的好姻缘,也都不会存在了。所以让互联网平台先试水,让子弹飞一会儿,发现重大问题,法律制度再跟进,这是我们的一个共识。

第四个基本问题:向谁靠拢?

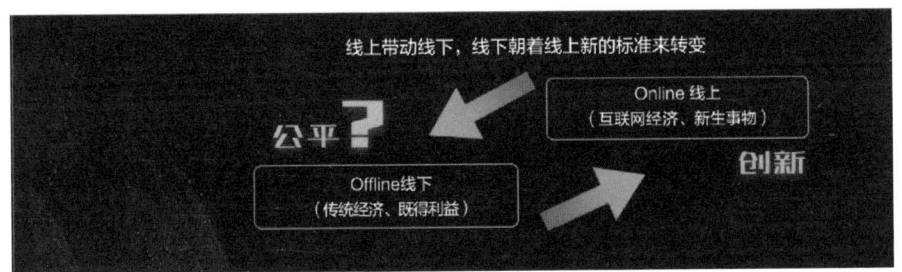

图4 互联网经济治理核心问题之四:向谁靠拢?

我们现在很多讨论,说线上线下不公平。我认为讨论公平和不公平的问题,本身没有意义。线上线下情况不一样,线上有数据资产,线上有炒信,线下有吗?

是不是公平不重要,重要的是我们要看到未来的发展方向。我们评判一个规则到底合理不合理,不应该根据它是否与线下看齐,而是应该根据未来发展的趋势,看新的治理模式能否顺应未来发展的趋势。

既然是新生事物,我们为什么一定要用老的方式去套这个新生事物呢?我们为什么不可以恰如其分地给这种新生事物一个身份,一个恰如其分的治理的规则呢?这是我们的一个共识:我们要向前看,要用发展的眼光,让线上带动线下,让线下朝着线上新的标准来转变。

我们编写的这部《互联网经济治理手册》,分四大部分,第一部分是方法论,从上述四大角度出发,阐述了我们共同的研究框架;第二部分和第三部分,以纵、横两个角度,描述、记录和剖析了互联网经济治理的实践。所谓的纵向,就是以不同的平台为主线,从具体某一平台治理的实践中提取经验;所谓横向,就是讨论跨平台的共同问题,包括市场准入、消费者保护、数据安全、知识产权、竞争政策、食药安全问题和税收政策问题等。第四部分是对互联网经济治理的前景展望。

《互联网经济治理手册》，是来自政产学研十多个机构的共同研究成果，是对过去许多平台上面鲜活的治理经验的一个记录、一个总结、一个升华，是互联网经济平台治理研究的标志性事件，也是未来互联网经济治理研究绕不过的基础。

互联网经济治理的重要转变

杨 健[*]

阿里研究院

习近平总书记 4 月 19 日讲话以来,他在多个场合和语境下提到了数字经济发展问题,也谈到了数字经济和互联网治理问题。

随着互联网,特别是移动互联网的发展,社会治理模式正在从单向管理向双向互动转变,从线下向线上线下融合转变,从单纯的政府监管向注重社会协同治理转变。对此我们要认真学习和研究,这三个转变指出了未来互联网经济治理模式的大方向。

一 互联网经济:未来已来

2016 年 8 月 1 日,全球市值最大的五家公司无一例外都是基于平台的互联网科技性公司,即苹果、谷歌、微软、亚马逊和脸谱。以前市值最大的公司更多来自传统行业,如美孚、中石油等榜上有名。也许十年后回头来看,这将是个标志性事件。我们能感觉到,这个时代出现了巨大变化,在未来一段时期,基于平台生态的互联网经济发展会主导很多领域的经济活动。同 1995 年相比较,2016 年市值最大的 15 家互联网公司中国企业跃居榜内,并且已经有五家了。这一数字显示出了中国互联网经济发展具有很强的生命力和活力。

从现有的行业分布来看,互联网经济的发展已经渗透到了各个领域(见图 1),涉及了社会经济活动以及老百姓生活的方方面面。我们认为互联网经济正在深刻地改变着世界。如何来应对这种改变,特别是如何形成一套有利

---

[*] 杨健,阿里研究院副院长、研究员。

于互联网经济成长的制度环境和生态体系，我们觉得这是各界人士都需要考虑的问题。

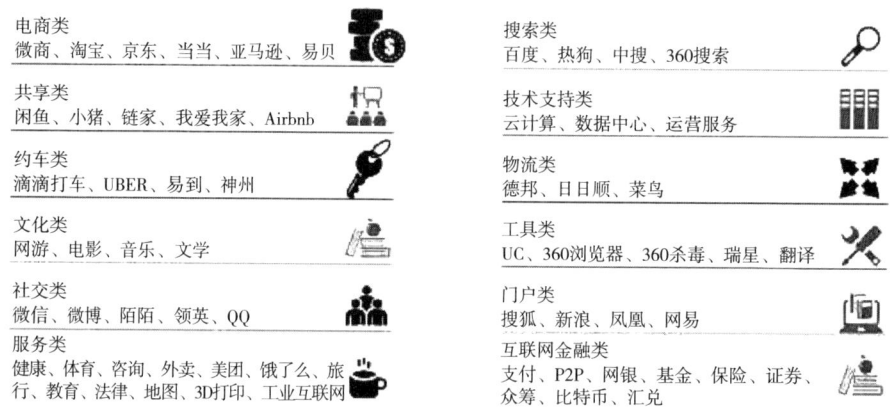

图 1　互联网经济渗透到各经济领域

二　互联网经济治理：问题已来

互联网经济治理领域热点频出，包括阿里被美国贸易办公室列入黑名单、网约车新政出台、"48 新政"、跨境电商政策延期等，还有特朗普当选之后股市对互联网公司和传统公司的认同出现了新变化。这些都是我们要认真应对的情况。

具体来看，可以从三个方面来描述未来互联网经济治理问题。

（一）以什么样的原则推进互联网经济治理？

互联网经济为什么要谈治理问题？治理的出发点和原则是什么？经过这一段时间的思考，我们觉得有四个原则要坚持（见图 2）。

第一，是促进创新的原则。互联网是创新的行业，是颠覆性的行业，如果扼杀了创新，这个行业就不可能有活力。因此要把促进创新放在治理原则的第一位。

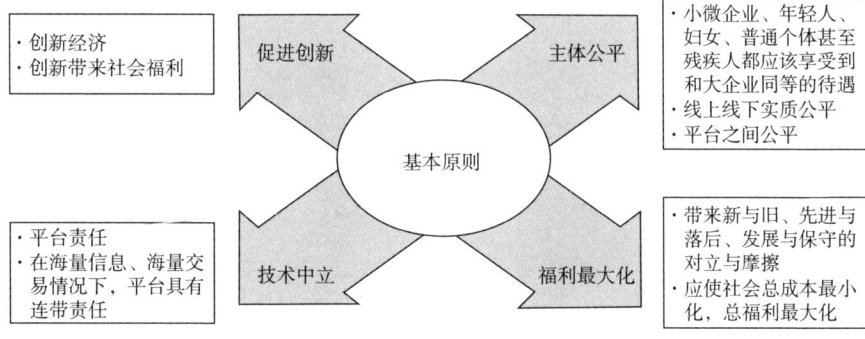

图 2 推进互联网经济治理的四个原则

第二，是主体公平的原则。互联网经济活动的形态，确实跟很多传统经济形态不一样。在发展过程中，社会方方面面有很多反馈，包括线上与线下实体店的竞争，等等。实际上，我们认为要促进实质公平，这里面关于实质公平的概念需要细化为如下几点：一是促进弱势群体在整个社会的经济活动当中实现他们的价值，这属于社会公平层面；二是促进线上线下的公平；三是促进平台之间的公平。也许在十年前大家更加关注的是电子商务，而近些年生长出来很多新业态，这些业态带动了社会经济的发展，对传统经济观念的冲击也是巨大的。

第三，是技术中立的原则。

第四，是福利最大化的原则。我们为什么要发展互联网经济？最终不就是为了让大家享受互联网经济带来的好处么。因此，我们在治理过程中调节的是相关利益主体之间的关系和他们的利益分配，在这个过程中我们认为应该尽量做到有利于整个社会福利的最大化。

（二）重点加强哪些方面的治理？

互联网经济治理方面出现了很多具体问题，例如，最近正在全国人大讨论的电子商务法，还有税收征管法、网络安全法等法律都在纷纷出台。大家对很多治理话题都非常关注，下面就其中一些需要重点加强治理的领域做简要介绍（见图3）。

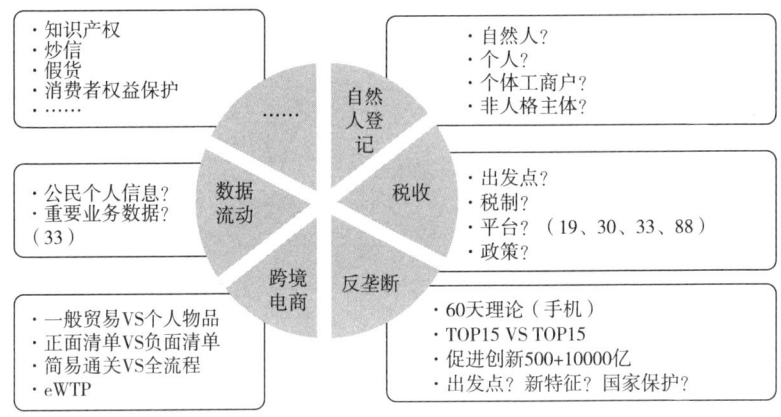

图 3　需要重点加强治理的领域

第一，是自然人登记问题。即一个自然人开网约车、自然人开网店、自然人在线上从事很多经济活动的时候该如何进行规范的问题，它的经营权是不是应该得到保障？包括从事跨境电商业务。对外贸易法最近正在修改，它提出来一个"个人"的概念，但这背后隐含的又是基于工商认证的工商户。这些主体，包括未来还会面对的非人格的主体，该怎么样进行登记？

第二，是税收问题。税收征管法第 19 条、第 30 条、第 33 条、第 88 条都对从事网络交易活动或者为网络交易活动提供服务的第三方平台，在提供数据、亮证、协调等方面提出了很多要求，也提出了要承担的责任。但是最后整个税收问题是否能够形成平台、商家和政府部门之间比较和谐的生态，仍是下一步需要探讨的。

第三，是反垄断问题。怎么样来理解互联网经济条件下的垄断问题？怎么样从更多的维度来推动问题解决？这些都是值得思考的。美国政府对于微软和脸谱的态度，在 18 年前和两年前截然不同，当年微软浏览器和其他浏览器之间的竞争，政策采取的反垄断态度比较强烈。但是十多年过后，美国政府对脸谱的态度是什么呢？在这个过程中，政府持有什么样的态度是非常重要的。奥巴马政府在与欧盟谈判过程中，就是本着保护企业的角度去的。

第四，是跨境电商问题，这也是 2016 年非常热点的问题。2016 年 4 月出台了"48 新政"，后来又延缓一年执行。这个过程中存在产业界和相关政策制定部门之间，对跨境电商这种事物管理的不同看法。

第五，是数据流动问题。2016年6月欧盟和美国之间达成了协议，突出了对个人信息的保护，突出了信息控制者的义务。尤其是在互联网公司引用数据，或者掌控数据的时候，美国政府在背后背书。国内很多互联网公司也在思考，中国的互联网企业最终肯定要走向全球，走向全球过程中就将涉及中美之间、中欧之间的数据跨境流动，我们应该以一种什么样的姿态去做？这也是值得思考的。

（三）采用什么样的方式来治理？

要采取什么方式治理呢？我们认为，互联网经济是一种生态系统，要治理互联网经济应该有协同治理的大理念，政府、平台、企业、用户、消费者都是作为经济系统的参与方，应该形成一种去中心化的、多利益相关方共同来参与的治理机制，我们称其为协同治理机制。

从技术的角度来说，这个系统这么复杂，例如，阿里巴巴2016财年零售平台一年有3万亿元的销售额，这个生态非常庞杂，不管是互联网公司自身还是政府，面对这种新经济体的时候都没有经验。在未来治理过程中，需要更加重视用技术的手段，如数据、人工智能等。以前我们更多的是想从制度、立法着手，但是技术的作用不可忽视，这是跟传统经济相比在治理上很重要的差别。

与传统经济或者说工业经济时代的平台不同，互联网时代的平台究竟是什么角色？应该担当起什么样的责任？又该拥有一种什么样的权利？现在的界定还不清楚，当前无论是网约车法规，还是税收征管法，这些法律、法规的制定、修订和完善，很多都涉及了对平台作用的认定。总体而言，在未来互联网经济治理过程中，应该给予平台一定的责任，但也要给它一定的权利。

第二部分
互联网经济治理实践:平台观点与举措

电子商务领域：淘宝推动规则演进

孟 晔[*]

阿里研究院

由于在电子商务领域开创了网络规则创新的全新局面，淘宝规则在互联网经济发展的历史上无疑具有举足轻重的地位，值得深入分析其发展阶段、原则制定、规则体系、具体内容、程序制定和修改，以及展示和查阅等内容和指标，提出形成对电子商务领域治理的中肯建议。

一 淘宝规则演化的阶段

如图 1 所示，淘宝规则经历了一个从无到有，从散乱到体系化的发展过程。

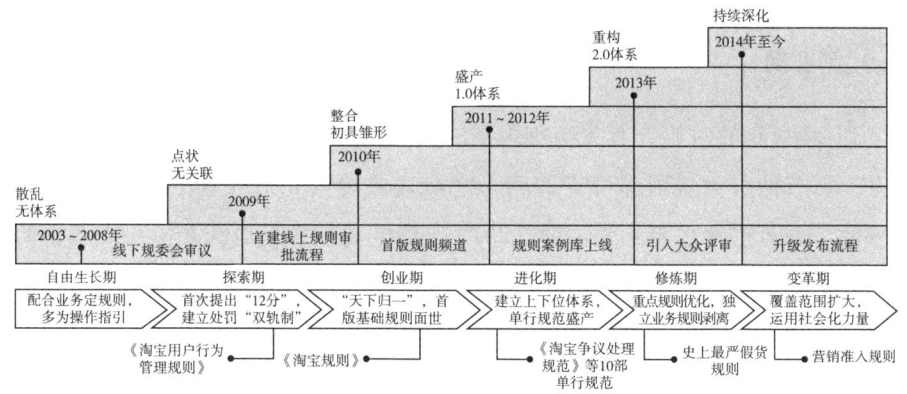

图 1　淘宝规则的演化

（一）自由生长期

2003~2008 年，淘宝规则最初是散乱和没有体系的。从淘宝内部组织来

---

[*] 孟晔，阿里研究院高级专家。

看，并没有职责与现在相当的规则部门。淘宝内部只是在线下形成了一个规则委员会，定期召开会议。当淘宝业务蓬勃发展、不断推进的时候，各个团队做出来的决定会产生冲突，每个团队都能够跟用户做直接沟通，各团队做出的每一个判断和决策都可能影响用户的行为和他们的利益。因此在各团队间产生了协调的迫切要求，所以形成了一个正式的、线下的规则委员会。

（二）探索期

到了2009年，淘宝规则从自由成长期进入探索期。这一阶段主要形成了在淘宝用户行为上的、管理上的规则。对淘宝上成文的或不成文的，尤其对商家和用户的处罚体系形成了系统化和有逻辑性的设计。对于在何种情况下怎么样扣分，扣多少分都有了一个详细、清晰的规定，并提出了12分关店的处罚制度，对于严重的违规行为和一般的违规行为给出了非常细致的配套处理办法。这套制度从2009年开始实施，成为突出的管理规则。从这一年开始，淘宝对用户行为真正形成了整体上的管理。

（三）创业期

到2010年的时候，有关淘宝规则的频道出现了，目前呈现在淘宝网站页面上，所有的行为规则都可查询到，之前这些规则是放在客户服务中心栏目当中的，并且讲得也不是太清楚。2010年淘宝规则的发展跃上了一个新台阶，今天我们看2009年、2010年时，除了像法规一样落实下来的文字以外，规则的背后还用产品来做了切实的支撑。在前端的网站页面上，大家看到的是一段段文字描述，但是实际上是后台的系统和产品化实现了一步一步可靠的操作。淘宝有一个"卖家中心"，"卖家中心"会及时沟通卖家，对于商品出现的相关问题，下一步需要他们怎么操作，比如说是申诉还是进行修改，等等。也就是说面对卖家，他们违规了之后才能看到这些提示，是在后台系统里面才有。所谓的12分的处罚和扣分的机制，也是通过"处罚中心"的产品来支撑的。在当时来讲，"处罚中心"操作的整体数量或者是业务的量很大了，因为几乎所有的用户都有可能与"处罚中心"发生多次交互。

（四）进化期

到了 2011 年，淘宝规则的团队所做的事情，就是将这种规则的体系化做到越来越高的水平，建立了规则间上下位的体系，非常全面地用文字落实下来，而且开始在做规则的上线，比如说规则上面有一篇叫作不能卖假货的。带什么样的描述和标志的商品扣多少分需要细化。对于具体的执行人，如对淘宝的小二来讲，这是很关键的，对于用户来说也要明晰这些规则。所以需要通过案例的形式，把整件事情描述得更清楚，因此出现了一个产品叫作"规则的案例库"（见图 2）。

（一）不得出现"产品标题为A产品，SKU编辑内容为B产品"的情形。
错误示例：标题主体内容为男士背包，SKU和主图显示商品为钱包。

图 2　案例库发挥重要作用

如不规范使用的品牌词在标题里面出现，应该扣几分，如果不规则的品牌词出现在图片库里面，又应该如何操作。规则的识别逻辑都得到了清晰的界定。这样把文字性的规则和条款，落实到模型当中如何进行处理，从产品化的角度，上下位体系才做到了实打实的衔接，现在的淘宝规则，有一些规则后面会带一个绿色的问号标志，点进去有对规则的解读，这便是对条款的详解（见图 3）。

第五条　【入口开放条件】买卖双方有权基于真实的交易在支付宝交易成功后15天内进行相互评价。

第六条　【交易评价内容】交易评价包括"店铺评分"和"信用评价"；"信用评价"包括"信用积分"和"评论内容"；"评论内容"包括"文字评论"和"图片评论"。

第七条　【店铺评分】店铺评分由买家对卖家作出，包括对商品/服务的质量、服务态度、物流等方面的评分指标。每项店铺评分均为动态指标，系此前连续六个月内所有评分的算术平均值。
每个自然月，相同买、卖家之间交易，卖家店铺评分仅计取前3次。店铺评分一旦作出，无法修改。

第八条　【信用积分】在信用评价中，评价人若给予好评，则被评价人信用积分增加1分；若给予差评，则信用积分减少1分；若给予中评或15天内双方未评价，则信用积分不变。如评价人给予好评而对方未在15天内给其评价，则评价人信用积分增加1分。
相同买、卖家任意14天内就同一商品的多笔支付宝交易，多个好评只加1分、多个差评只减1分。每个自然月，相同买、卖家之间交易，双方增加的信用积分均不得超过6分。

图3　绿色问号链接条款详解

2011～2012年，随着整个争议规则体系的出台，对买家和卖家可能会发生的纠纷进行了非常细致的规定，如收货不确认怎么处理等这类很细的情况都考虑进去了，同时也可以看到，由于考虑到了淘宝的买家和卖家对规则的不同需求，淘宝规则1.0的状态，就是法规化和成文化的状态，建立了用户跟平台之间更紧密的联系，指出了什么行为是可以做的，什么行为是不能做的。

（五）修炼期

2013年的时候，淘宝规则实际上进入了一个2.0的新阶段，引入了像"大众评审"这样的产品。

1. 大众评审机制

阿里大众评审产生背景

随着淘宝网的发展壮大，交易规模的增加和复杂性的增强，单纯地由淘宝小二制订并执行规则已经不能满足发展的需要，急需外部力量参与规则评审。2012年12月18日，淘宝设立大众评审机制，吸收淘宝会员（最初以卖家为主）以投票的方式裁定规则是否合理，供阿里巴巴店小二做参考。

在大众评审机制产生的半年后，受到这种基于采集多数人的意见做出裁定模式的启发，淘宝将大众评审模式引入了交易纠纷判定。在淘宝上，每天有数以万计的买卖双方发生交易纠纷，大部分纠纷并不复杂，裁判者完全可以根据过往的购物经历做出支持其中哪一方的判定。而店小二的处理在时间和思维上也有一定的局限性，引入会员判定可以为买家和卖家节省等待的时间，同时也能在评审过程中，收集外部对于规则的不同意见。在引入纠纷判定后，参与大众评审的人数出现了急剧增长，一些富有大众评审特色的特征和模式也慢慢地浮现出来。

阿里大众评审发展模式

经过一年的试运行，淘宝于2013年12月30日正式推出"用户纠纷判定中心"，由买卖双方组成大众评审团，投票裁决。凡帐号注册满90天，通过支付宝实名认证且信用良好的买卖双方，都可以申请成为大众评审员。试运行一年后，共有48万买家和33万卖家参与，完成了34万个判定任务。

成立之初，开放给大众评审的纠纷任务有三类：一是卖家因商品错放类目被处罚的申诉；二是卖家违约受处罚的申诉；三是买卖双方交易纠纷。每个任务判定通过31位评审，评审员是随机选出的，投票后获得票数多的一方胜出。前两类评审直接由大众评审投票判定；对于交易纠纷类，会对大众评审设有复议制度，（一方）对结果不满意可提出申诉，由淘宝店小二介入处理。

阿里大众评审裁判机制

在评审人员参与的门槛设计上，对参与者在淘宝的会员等级、诚信等级做了限定，买卖家条件略有差异。此外，还设置了一套反作弊机制，如如何避免"同机""抱团"等，从产品设计上避免乱投票行为的产生。另外，还设立了冻结、清退模式，可以及时把不适合的评审员清理出去。

在业务不断发展的同时，在票制设计方面针对接入的各块业务的不同特性，制定了不同的票制。一方面，在人员运营方面，大众评审在设立之初就设计了一套完整的会员体系，有着相应的晋升机制，但晋升只和活跃度相关；另一方面，对于反作弊的处罚又是十分严厉的，也就是说，最高等级的评审员同样可能因为触犯了反作弊机制而被清理出去，规则面前人人平等。

除了等级，会员每完成一个判定，会奖励相应的积分，积分可以用来做阿里巴巴相关网站礼品的兑换和公益捐赠（以 100 积分 = 1 元人民币的捐赠比例）。截止到 2016 年 3 月，通过大众评审员判定任务累积贡献的公益金达 80 万元。利用这些公益金，淘宝网为将近 5000 名孤儿购买了一年期大病保险，努力减少他们生活中的疾病困扰；为超过 12 万名贫困地区的小学生提供热腾腾的免费午餐，延长了尘肺病患者长达 125 万小时的生命。

阿里大众评审发展前景

受理的业务包含规则评审、交易纠纷判定、山寨品牌清理、不合理评价判定、滥发申诉判定在内的平台各项治理相关的业务。非标准化、需要采集更多意见样本的业务模式在和大众评审这样的社会化参与模式结合后，产生了剧烈的化学反应，如 2000 个交易纠纷，以每天工作 8 小时计算，若由 41 个店小二来处理，需要整整 30 天，而利用大众评审机制则在 24 个小时之内就可以全部处理完。以 2013 年为例，大众评审对 640 条淘宝规则的执行状况进行了监督，优化了 22 条有争议的规则。如山寨品牌清理，相应的法律法规还不是很健全，这个时候普通消费者的认知和意见就会对市场起到重要的参考作用，采用大数据+社会化的参与方式，为这个生态体系内山寨品牌的清理工作提供了强有力的支持。

大众评审对纠纷的判定数量在不断的增长，也在不断打破原有模式，展开更多的探索和创新。2016 年淘宝将大众评审接入业务项目评审，把意见采集和专业度相结合，同时规避店小二在审核上的风险。

在应用端的发展上，除了不断改进 PC 端的产品以外，还重点发展了无线端，将两个端的业务进行较为清晰的界定。无线端的参与门槛较低（更能利用到碎片化时间），适合量大且评审材料不复杂的业务；而 PC 端则适合专业度强、评审材料相对较多的业务。两个端各自发展，适合不同的习惯人群，适用不同的判定场景。

2. 全网举报制度

全网举报产生背景

随着淘宝网的飞速发展，平台多样化的商品组成和多元化的商业模式已经让淘宝更接近一个社会化的生态系统。这个生态在促成亿万消费者和百万商家交易的同时,就像自然生态会有细菌和病毒一样,也"滋生"出了一些违规现象。尽管淘宝平台投入了大量人力、资源以及大数据的支持,为纯净市场环境做了很大的努力,但还是无法根本解决日新月异的违规问题。

"淘宝不是平台的淘宝,淘宝是大家的淘宝。"为了更快速、有效地减少不正当竞争给消费者和诚信商家带来的损失,需要把权利交给广大的网民群体,让社会化的力量实打实地参与到平台治理中,一起共建更加公平、公正的电商平台秩序,给亿万消费者带去更好的购物体验。

全网举报设计理念

全网举报中心为保障诚信商家和消费者的共同利益,通过社会化力量参与平台的举报和治理,旨在共同维护平台公平公正的秩序体验。其主要特点有以下几个方面。

多元化的举报入口。目前,举报人可以通过以下四个举报入口进行举报。第一个设在搜索商品结果页面的右上角;第二个设在天猫商品进入商品详情页面左侧;第三个位于淘宝商品进入商品详情页面右上角;第四个,直接进入 jubao.taobao.com,选择需要举报的类型,填写完整即可举报。多元化的举报入口能帮助用户在各种场景下方便迅速地发起举报,避免了以往用户不知道在哪里发起举报的尴尬窘境。

设计师在举报平台新门户 Logo 的制作上煞费苦心。威严的手掌和纯净的小苗结合,映衬着"行一举之力,创十分纯净"的理念,蕴含着"人人都献出小小的力量参与到举报中,共同维护市场纯净"的美好愿景。因此,全网举报平台有了一个可爱的昵称——"小公举"。温婉的昵称,却反衬出强大的能力。全网举报平台拥有出众的无效举报拦截能力,像自己举报自己、恶意举报他人这种情况在这里都将得到强有力的遏制。

新的虚假交易举报将以往"处理慢"这个最大的痛点彻底抹去,整个举报从发起到通知结果一般不会超过 7 个工作日。处理时间的缩短,将极大地提高举报人的平台体验,对提升举报人对全网举报平台的信任和信心也有很大的作用。

个性化表单。在新的虚假交易举报中，举报证据的提交变得更具有结构性，包括举报描述、图片凭证、订单号等，基本覆盖了虚假交易举报中可能用到的所有凭证类型。用户可以根据自身掌握的实际证据上传凭证，使得整个举报更加有凭有据、真实合理。

在新的虚假交易举报中，根据用户举报时的高频需求，违规的实际场景被有效细分，举报人可以更加精准地表述自身遇到的各种实际情况，帮助平台更快更有针对性地识别违规行为。这大大提高了举报数据的应用潜力，淘宝判定中心界面如图 4 所示。

图 4 "大众评审"创新

（六）变革期

到目前为止，淘宝处于规则的变革期，整个商业生态的力量被引入体系当中，应用到了更广阔的场景中。2013 年淘宝出台了最为严格的假货处理规则，实行了"三振出局"制度，未来的发展趋势将越来越严格。实际上在 2014 年之前淘宝的规则都是关于处罚的规则，比如说扣分、关店，等等。

2014年的时候,加入了营销和准入规则,好的商家可以获得激励,同时恶意的商家是不能进入市场的,规则的效果得到了进一步强化。

二 淘宝规则制定原则

整个淘宝规则制订的原则包括以下几个方面,如客户第一、公开公正和利益平衡。以管理卖家来达到服务买家的目的,重点是在服务买家上,即保护消费者权益、维护市场秩序和保证公众参与(见图5)。

所以制订的原则,基本上来讲是在保障消费者权益的基础上,平台中立、客观地去平衡各方利益,以维护市场秩序。比如说新的《消费者权益保护法》里面,对"7天无理由退货"这一条款,做出了明确规定。2008年和2009年的时候,7天无理由退货是由淘宝提出来的,承诺"你敢买,我敢赔",通过这一做法把优质商家凸显出来。这些优质商家对买家有很好的服务意识,准备拿出专门的资金服务消费者,投入赔付当中去。7天无理由退货,让这些优质商家获得了更多的流量,得到了消费者的认可,商家的参与性很高。淘宝推出了以后,国内的同行都相继推出了,随后不久,国家就将其上升到了法律的层面。当然在实际的处理过程中,也要考虑到商家具体的经营情况,有针对性地对7天无理由退货规定进行描述和解读,也保护商家的合理权利。

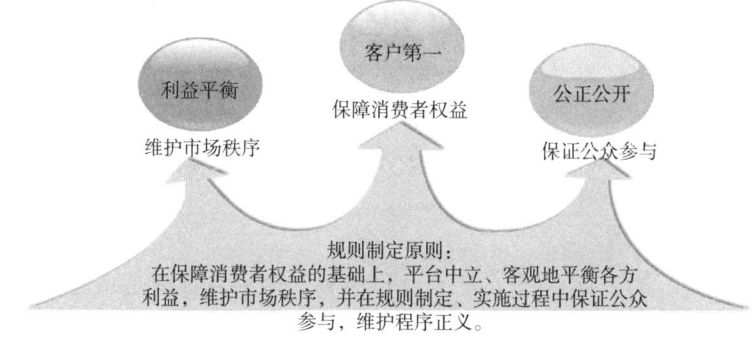

图5 淘宝规则制定的原则

三 淘宝规则体系

淘宝规则体系，由如下几个主要部分构成。

• 基础规则

关于基础规则，有些是用文字落实下来的，有些是嵌入在产品里面了，交易的过程中，如买家怎么买，卖家怎么发货等，这些都嵌入交易的环节中，通过产品的交易实现了。如怎么设置店铺，怎么认证上传等，都属于基础的规则。

• 行业市场规则

2013年之前，淘宝的类目经营是重点。2013年之后，垂直化行业逐渐出现，更偏重场景化，如"极有家""爱宝贝"等，已经不再是单纯的类目体系，"极有家"的商品就是由很多个类目的商品组合在一起（见图6）。因此对规则来讲，就要归纳出一些关于行业市场的规则。

图6 "极有家"等行业市场涌现

• 特色业务规则

淘宝是一个孕育特色业务的平台，像天猫、聚划算等都是从淘宝孕育出来的。特色的业务，也需要相应规则的改变。往往这些新业务出现的时候，问题也如影随形，可能有小广告等问题接踵而来，灰黑产业也盯上了这些新业务。

- 营销活动规则

营销活动规则，对于营销活动做出了规则上的细化，到底哪些商家可以参加，参加活动过程中哪些行为涉及违规，有可能受到何种处罚等，都被明确下来。大多数卖家因为营销活动能带来重要的客流，当然愿意参加进来，参加后也必然有些卖家会投机取巧，这类行为当然应该受到严格制约。

除了这四类规则之外，还有一些涉及紧急事件的临时的公告，等等。这几类规则较为全面地形成了一个完整的规则体系（见图7）。

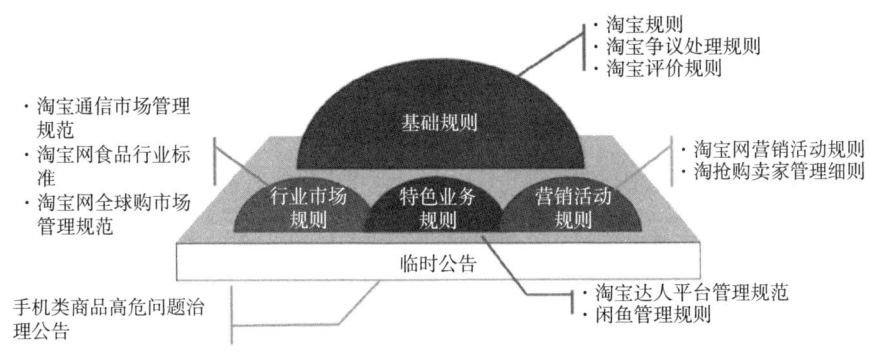

图7 淘宝规则体系

四 淘宝规则的内容

淘宝规则从内容上来看，主要包括了处罚规则、交易规则、准入规则和营销规则。

处罚规则：是通过对商品、流量、店铺等的调控，实现对用户行为管理的规则。如《淘宝规则》《淘宝禁售商品管理规范》等。

淘宝最为成功的12分处罚规则，对严重违规的B类和C类的行为（其中C类是假货，B类是假货之外的严重违规行为），和一般违规的A类的行为进行了区分。平台对各类违规行为处罚力度是不同的，通过不同手段对商家进行限制和处罚，维护正常的经营秩序（见图8）。

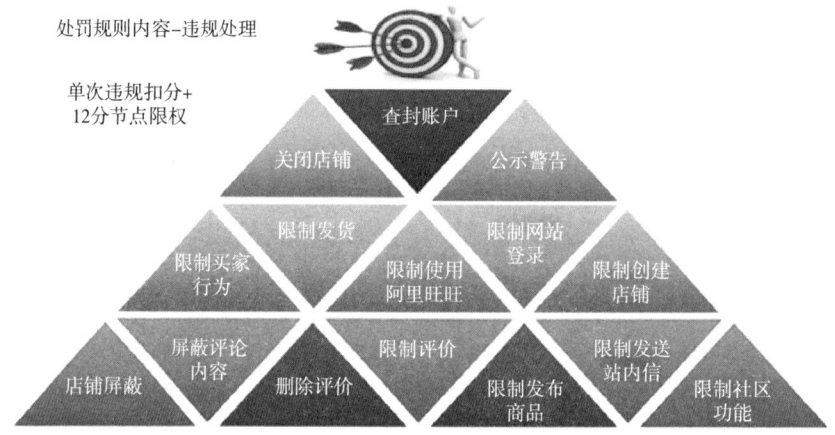

图 8　处罚规则的构成

交易规则：是针对交易流程、交易时限、交易资金、交易争议等进行说明、管理的相关规定。如《淘宝争议处理规则》淘宝账期通常是 15 天，对于有可能因为账期发生欺诈的业务，可通过动态账期规定把账期拉长到买家收货的那一天，有效地保障了买家的权益。

准入规则：是出于国家法律法规要求，维护消费者合法权益，或平台运营需要，针对某个行业或特定市场的规则。如《淘宝网旅行市场管理规则》《淘宝网食品行业标准》等。

营销规则：是日常及大型营销活动的管理规则，包括商家参加活动的基础门槛规则、商家/商品筛选规则、页面展示规则、消费者参加活动规则及活动对页面展示素材的要求等。如《淘宝网营销活动规则》。

五　淘宝规则制定和修改的程序

淘宝规则都是按照严格的程序和时限的要求去公示、修改和发布的。2015 年，商务部出台了相关规定，所有电商平台规则的设定都要按规定统一去做，它明确了征集的时间、公示的时间，以及按照什么样的接口去备案，等等。淘宝在规则制定和修改上，受到了商务部的特别表彰，因为在相应程序上遵守得非常好。现在，要改任何一个淘宝规则里面的文字都要进行报备，如果消费者或商家对改动不满，规则的改动就不能生效。此外淘宝在规则制定和修改上还勇于创新，如大众参与的"规则众议院"等，可以从网上直观地看到，由于参与人数众多，规则的制定和修改得到了及时、全方位的反馈，因此惠及整个商业生态系统的参与方，该程序汇聚大家的意见，让平台参与方能切实得到直接反馈、参与规则制订的权利（见图9、图10）。

图9　淘宝规则制定和修改的程序

图10　"规则众议院"创新

六　淘宝规则的展示和查阅

规则的展示和查阅也都通过网络平台的方式进行明示（见图11）。除了常规的整个规则体系的展示以外，也包括重要的专题讨论，比如说假货的"三振出局"制度，还有与保健食品相关的热点规则的讨论，等等。

图11　淘宝规则的展示和查阅

七　充分发挥网规在电子商务领域治理中的作用

第一，重视与现有法律法规的衔接。

以淘宝规则为代表的网规在一定程度上，对现有法律法规可以起到很好的补充作用，并且通过充分利用互联网平台和全社会的资源，也能起到帮助降低司法成本和负担的作用。此外网规对有些法律法规也有纠偏的效果，比如有些法律法规对权利人进行了过多保护，但是对于产业发展这方面考虑不足，经受了实践检验的网规就可以在相当程度上起到纠偏的作用。

第二，促进治理主体的多元化和治理责任的分散化。

只有通过治理主体的多元化（包括采用"大众评审""规则众议院"等这样一些创新方式），加强电商平台和监管部门之间的合作，促进责任共担和治理的多方参与，才能让治理过程更好地适应电子商务发展的进程，使管理更加有效。

第三，推动全球电子商务规则的制定。

中国的电子商务和互联网经济在全世界已处于领先地位。全球化是必然的选择，中国要成为负责任的大国、中国电子商务企业要继续引领全球行业发展，平台企业如何与政府一道推动全球规则的制订将非常关键。

第四，形成电子商务领域协同治理的局面。

接受了商业实践检验、符合互联网经济发展规律的网规，其作用要进一步发挥，要与行业监管、政府管理和社会监督一道，形成行之有效的社会化协同治理局面。

社交网络领域：微信发力原创维护

蔡雄山[*]

腾讯研究院

一 微信知识产权保护的对象

微信知识产权保护的对象是由权利人合法享有的、在微信中被使用的知识产权，如注册商标专用权、著作权、专利权等。此外，对于在微信中被使用的涉及知识产权的企业名称、商号等也纳入保护范畴。

微信中的用户有两种：公众帐号用户和个人帐号用户，针对这两类群体的行为有不同的策略，二者知识产权保护的侧重点也有所区别，具体而言包括：公众帐号名称或帐号信息、公众帐号发布的内容不得侵害他人注册商标权、著作权、专利权，以及因涉及知识产权而应获得保护的企业名称或商号权；个人帐号用户帐号信息、朋友圈中发布内容不得侵害他人的注册商标权、著作权、专利权等。其中，鉴于公众平台具有信息发布平台的属性，公众帐号是微信知识产权保护策略关注的重点。

二 微信知识产权保护的措施

与行业中通常采取的"通知－删除"方式相比，微信的知识产权保护策略实行主动保护和被动保护、事先防范和事后救济相结合的保护原则，重拳推出四大保护措施，分别为全电子化知识产权侵权投诉系统、公众帐号原创声明功能、微信品牌维权平台以及公众平台认证帐号名称命名规则。其中，针对著作权保护提出的"原创声明功能"以及打通售假举报线索与

---

[*] 蔡雄山，腾讯研究院法律研究中心首席研究员。

品牌权利人维权环节的"微信品牌维权平台"是两项具有独创性的特色保护举措。

（一）全电子化知识产权侵权投诉系统

微信已经建立起了全面、便捷的知识产权线上侵权投诉系统，覆盖微信公众帐号和个人帐号。侵权投诉系统均可以做到投诉资料电子化、投诉进程可视化、处理时间高效化、处理结果明示化。为了更好更及时地保护权利人的知识产权合法权益，我们推荐使用线上侵权投诉系统。

为了方便知识产权权利人及广大微信用户，我们将侵权投诉系统入口进行了整合，放置于微信安全中心（https：//weixin110.qq.com/）的"举报维权"栏目下。进入页面后，投诉人按照页面提示点击进入相应的投诉系统即可开启线上投诉流程。

1. 针对公众帐号的知识产权侵权投诉

微信公众平台侵权投诉系统涉及知识产权权益的类型包括公众帐号名称或帐号信息侵害权利人合法存在的注册商标权、涉及知识产权的企业名称权，及公众帐号发布内容涉嫌侵害的注册商标权、著作权、专利权等。经核实如果侵权行为确实存在，将对侵权内容进行删除、屏蔽或清空等处理，同时也将视行为情节对违规帐号处以包括但不限于警告、限制或禁止使用部分或全部功能、帐号封禁甚至注销的处罚。

除登录微信安全中心网站进入投诉系统外，还可以登录微信公众平台官网（https：//mp.weixin.qq.com），点击页面下方的"侵权投诉"进入公众帐号侵权投诉系统。

2. 针对微信个人帐号的知识产权侵权投诉

针对微信个人帐号头像或帐号信息、朋友圈中发布内容侵害他人知识产权的行为，微信同样建立了侵权投诉流程。如果企业或其他组织机构的注册商标专用权、著作权、商号权等或个人的注册商标专用权、著作权等权利受到微信个人帐号的侵害，权利人可以至线上侵权投诉系统填写相关资料，提供相关证据进行投诉。

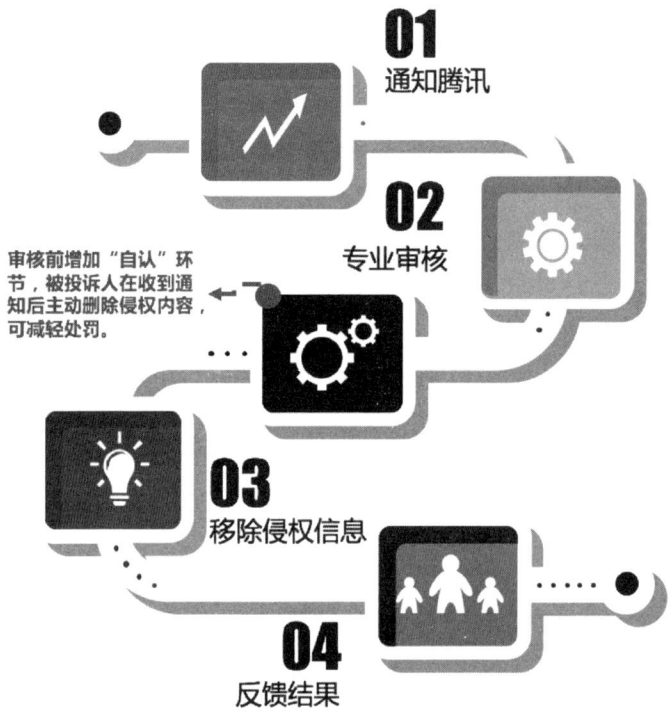

图 1　微信公众帐号知识产权侵权投诉处理流程

图 2　微信个人帐号知识产权侵权投诉处理流程

经核实如果侵权行为确实存在，微信将对相关内容进行删除、屏蔽或清空等处理，同时也将视行为情节对违规帐号处以包括但不限于警告、限制或禁止使用部分或全部功能、帐号封禁甚至注销的处罚。

（二）公众帐号原创声明功能

为了更好地保护著作权人的合法权益，微信除了依投诉对侵害著作权行为进行处理外,还创造性地增加了著作权主动保护措施——公众帐号原创声明功能。该功能属于公众平台提供给公众帐号的一项特殊功能,公众帐号运营者可以通过这项功能获得进行原创声明的机会,帐号运营者自主进行原创声明后,系统会与公众平台内已经成功进行了原创声明的文章进行智能比对,比对系统会自动对文章添加"原创"标识。当其他用户在微信公众平台转发已进行原创声明的文章时,系统会自动为其注明出处。

成功采用原创声明功能发布的文章在微信中的具体展现,可参见图3所示。

图3　原创声明功能发布的文章效果图（左：原创文章；右：转载文章）

原创声明功能是微信公众平台向"抄袭风"亮出的一把"利剑",目的是通过技术手段建立主动防范措施,提升平台自净能力,逐步减少直至杜绝抄袭等侵害著作权的行为。自2015年1月22日原创声明功能开放以来,已得到媒体的关注和民众的热烈讨论。该功能当前已经向部分发布高质量信息、严格遵守运营规范且较为活跃的公众帐号开放,未来会进一步扩大开放范围。

与其他新生的互联网产品相似,原创声明功能的发展经历了"小步快跑、快速迭代"的过程。

2015年1月22日，原创声明功能推出。公众帐号文章运营人对原创文章成功使用该功能后，在标题下方会出现"原创"标识，读者即可了解该文章在公众平台内系原创文字作品。

2015年2月初，微信为了进一步保护作者的权益，针对抄袭原创文章的行为，赋予公众帐号运营人快捷举报的能力，运营人可以在公众帐号后台管理页面了解相似文章的发布情况，对确属抄袭的文章进行举报后，将交由微信后台进行快速处理，处理周期缩短至24小时。

2015年7月底，原创声明功能新增平台转载策略，公众帐号文章运营人对文章成功使用原创声明功能后，可以选择使用"允许转载"或者"禁止转载"等功能。

2015年11月18日，公众平台内测图片原创声明功能，原创声明的范围由文字作品进一步扩大到图片作品。漫画、摄影等图片创作者可以对自己的图片作品进行原创声明和管理，并可查看图片作品被其他公众帐号使用情况及快速举报未经授权的使用行为。系统将在转载了原创图片的公众帐号文章图片下强制显示转载来源。

2015年12月2日，为了满足原创公众帐号与转载公众帐号之间各种不同的转载需求，公众平台新增授权转载功能，原创公众帐号可以给予某些帐号"修改文章"和"不显示转载来源"等权限。

是否声明原创虽然是公众帐号运营人的自行选择，但是在文章成功声明原创后，就会得到系统倾向性的保护，抄袭的内容或者其他不恰当的内容如果被申请了原创，将对公众平台及其他权利人造成不应有的损害，因此在不断优化功能的同时，微信还为其拟定了严格的使用规范，并明确违规使用原创声明功能的处罚措施：

1. 不能进行原创声明的文章类型

（1）抄袭的文章；

（2）法律规定不予保护的作品；

（3）大幅引用他人文章内容或者整合的作品；

（4）营销性质的内容；

（5）非独家授权的文章；

（6）色情低俗内容、暴力内容、不实信息等内容；

（7）其他违法违规，违背公序良俗、社会公德，侵害第三人合法权益或者违反微信相关协议、规范的内容。

2. 违反原创声明功能使用规范的处罚

一旦经平台巡查、著作权人或者用户举报发现公众帐号滥用原创声明功能，如将法律法规、国家机关的决议、决定、命令申请原创等，微信将阶梯性暂停该帐号原创声明功能的使用；情节严重的，还将对违规帐号按照平台规范进行处理。

3. 加入微信用户共同监督原创声明功能违规行为

为了营造良好的版权保护氛围，微信欢迎用户对违规声明原创的公众帐号或者文章进行举报，举报可以通过文章阅读页面的"举报"入口进行提交。

原创声明功能的出现，体现了微信对著作权的尊重和弘扬，该功能通过计算机比对技术，对原创作品进行自动化、平台化保护，推动互联网版权保护从"被动时代"跨入"主动时代"，在微信公众平台中涤清版权生态，为原创者营造由"野蛮"走向"文明"的内容产业环境。

（三）微信品牌维权平台

随着微信个人用户帐号的增多，用户利用即时通信工具私下联系线下交易的行为也较频繁出现，微信曾对用户通过微信客户端"举报"入口所提交的侵权举报进行数据分析，发现部分举报与商品售假侵权相关，但由于有关交易过程并非发生在微信平台上，微信无法掌握完整数据核实售假事实。

为了尽可能保障商标权人合法权益，净化平台使用环境，突破即时通信工具服务性质带来的侵权鉴别瓶颈，微信于2015年5月31日内测微信品牌维权平台，引入知名品牌的商标权人与微信展开合作，共同鉴假打假，助力品牌维权并对售假行为进行有力打击。

微信品牌维权平台是将用户举报的售假信息与具有鉴假能力的商标权人有效对接的假货打击媒介，微信日常通过后台系统对用户提交的假货举报信息进行分类汇总，成功接入该平台的品牌方（即商标权利人）可以获得微信推送的与该品牌相关的假货举报信息，品牌方通过其专业的鉴别能力鉴别核实有关举报是否属实并通过品牌维权平台反馈给微信，微信根据品牌方反馈对售假帐号执行处罚，并将结果通知用户和品牌方（见图4）。

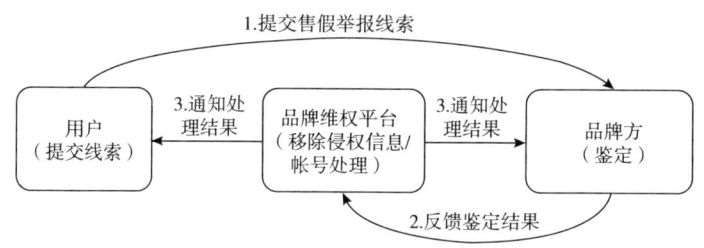

图 4　微信品牌维权平台示意

微信品牌维权平台同时解决微信、用户和品牌方三方对商标权保护的具体需求是：就微信而言，作为即时通信工具和信息发布平台，对于侵权人恶意把微信作为侵权工具的行为难以准确鉴别；对于用户而言，因为并非商标专用权人，发现疑似侵权行为难以通过一般侵权投诉渠道进行投诉，即使投诉也要面临较为烦琐的步骤，成本较高；对于品牌方而言，在发现侵权行为的环节需要投入大量的人力和时间。微信品牌维权平台另辟蹊径，利用自身平台优势，将用户与品牌方连接，打通假货打击的各个环节，实现维权双赢共利的效果。

微信品牌维权平台为保证品牌方鉴假能力的专业性以及准确率，一直持审慎、严谨的态度审核接入品牌方。在内测初期，仅与部分国际知名品牌在合作中摸索售假打击模式。下阶段微信将会进一步扩大微信品牌维权平台的开放范围，受理更多有意向打击售假行为品牌方的申请；同时，微信也会投入更多的人力物力，优化品牌维权平台流程，提高审核效率，开通维权高速路，及时打击侵害商标权利人权益的售假行为，尽量避免广大微信用户因此类侵权行为而受到损失。

（四）公众平台认证帐号命名规则

公众帐号名称是微信用户区分服务、资讯等提供者来源的标识，因此为保证广大用户的微信使用体验，明确区分服务、资讯的提供者，也为利于开展知识产权保护，明确责任主体，微信对公众平台认证帐号名称的要求是"名称唯一，合法使用"。

为实现微信公众帐号"名称唯一，合法使用"的目标，微信专门设计了公众帐号的命名规则，根据该规则对提交认证的公众帐号名称进行事先审核。微信公众平台帐号命名遵循的原则有以下三点。

（1）保护注册商标原则，帐号名称不得侵害注册商标专用权。

（2）认证命名唯一原则，帐号名称不得与在先认证成功的帐号名称重复。

（3）确定了禁止使用的公众帐号认证名称，主要包括非因特殊理由使用国家或国家机关的特定名称、标志建筑物名称的；带有民族歧视性的；夸大宣传并带有欺骗性的；有害于社会主义道德风尚或其他不良影响的；有歧义，误导用户或侵害其他用户、第三方合法权益等。

原则上，公众帐号认证时可以在法律法规允许的范围内自由命名，但是认证时选择的帐号名称如果不符合命名规则，则该名称不得使用，或需提交有权使用该名称的证明。

三 微信知识产权保护的概况及成效

微信的知识产权保护组合策略一方面一定程度上净化了微信的内容生态，培育微信用户以及微信公众帐号发布原创、优质内容的土壤；另一方面，也构建了一套多方位、规则透明且方便可操作的线上保护、投诉、后台执行操作的全自动化流程，使权利人维权方式从以往书函投寄送达的模式升级为全电子化的互联网线上投诉模式，既大大提升权利人维权的便捷度以及效率，也使投诉双方都可以及时跟进维权动态，更好地保障自身权益，一改信息发布平台侵权投诉处理周期长、流程不清晰、处理结果难以获知的弊端。

2014年以来，与微信知识产权保护有关的一些数据可以直观地展示微信知识产权保护的概况和成效。

（一）微信知识产权侵权投诉处理数据

1. 微信公众帐号以及个人帐号的侵权投诉处理整体数据

从微信公众帐号以及个人帐号的侵权投诉处理整体数据看，微信处理的侵害知识产权侵权投诉数量，伴随着各类侵权投诉电子流程的上线和优化呈持续增长特征。

2014年第四季度至2015年第三季度，微信收到针对微信公众帐号的投诉超过2.2万件，其中涉及知识产权的投诉超过1.3万件，知识产权投诉占比达60%；针对微信个人帐号的投诉超过1.2万件，其中涉及知识产权的投诉有200多件，比例仅为2%。

导致微信公众帐号与个人帐号侵权投诉量的上升有以下四大重要因素。

（1）微信公众平台侵权投诉以及个人帐号侵权投诉的全电子化流程开通上线和程序简化使投诉更简便、快捷。

（2）侵权投诉处理效率的提升使权利人感受到侵权投诉流程的可用性，催生更多的投诉事件。

（3）权利人对上述流程的日渐熟悉。

（4）权利人知识产权保护意识的日渐提高。

同时，微信公众帐号是当前知识产权侵权投诉的高发区，是维权的重点，也是微信知识产权保护的重要领域。

2. 微信公众帐号以及个人帐号的侵权投诉处理分类数据

（1）知识产权侵权投诉时间以及权利类别分布

无论对个人帐号还是公众帐号，商标侵权的投诉在三种常见知识产权投诉中都是最多的，其次是著作权领域，而针对专利侵权的投诉数量均较少。

（2）投诉渠道、来源以及侵害对象分布

在微信公众平台投诉系统中，由公众帐号用户发起的知识产权侵权投诉占比为84%，而个人用户通过微信手机客户端扫码发起投诉的占比为16%。

在针对个人微信号的侵权投诉中，89%的知识产权侵权投诉由个人主体发起，其余11%的投诉由企业主体发起。

通过上两组数据对比可以认为，侵权行为侵害的对象和产品本身使用者有着较高重叠度，即涉嫌侵权的公众帐号大部分侵害的对象为其他公众帐号，而涉嫌侵权的个人帐号大部分侵害的对象为其他个人帐号。

（3）著作权侵权投诉细分数据

就涉嫌侵害著作权的行为分布而言，公众帐号涉嫌侵权行为集中在对文字类作品的抄袭上，占比为61%，而图片类（占比为25%）和视频类（占比为14%）相对较少。

在个人帐号侵权投诉中，著作权侵权的类型呈现出不同的特点。涉嫌侵害摄影作品著作权的投诉占2/3（67%）左右，其余1/3由侵害他人电影作品著作权（15%）、文字作品著作权（10%）和美术作品著作权（8%）构成。

公众帐号与个人帐号之间著作权侵权数据的差异，源于两类产品本身的特点。公众平台作为信息发布平台，其中以文字作品最为常见，也最易遭到侵权。朋友圈是个人用户使用微信的重要场所，以发布照片为主，因此针对摄影作品著作权的侵权行为占据绝大多数。

（4）商标权侵权投诉细分数据

就涉嫌侵害商标权的行为分布而言，投诉公众帐号侵害商标权的，有72%的理由为被投诉人涉嫌未经授权使用他人商标，22%的理由是被投诉人涉嫌在同类或近似商品上使用与投诉人近似的商标。

针对个人帐号的商标权侵权投诉，相关数据在类型占比上与公众帐号体现出一致性：90%的投诉系因被投诉人涉嫌未经授权使用他人商标，8%的投诉系因被投诉人涉嫌在同类或近似商品上使用与投诉人近似的商标，其余2%为其他原因。

两类知识产权侵权投诉系统的数据在商标权侵权类型上达成一致，说明在商标权领域涉嫌未经授权使用他人商标的行为非常常见，这与社会现实情况相符。公众帐号和微信个人帐号的侵权行为是现实社会侵权行为在网络中的投射。

（5）从侵权投诉数据看公众帐号与个人帐号的性质差异

知识产权侵权投诉数据呈现的特点大多与公众帐号和个人帐号的特性相

关，也与不同知识产权特性及侵权多发情况有关。举例而言，虽然微信中的个人帐号用户总体数量远远多于公众帐号用户数量，但是针对个人帐号的侵权投诉量很少，原因是个人帐号本身主要是一种社交工具性质，因此无论是头像、昵称、个性签名还是朋友圈多系私人领域日常生活的展示，涉及商业目的使用较少，因此侵权的比例较公众帐号要低很多，微信公众平台作为信息发布平台与微信客户端即时通信工具的性质差异在此可见一斑，这也再次说明两类移动互联产品必须严格遵循其性质开展日常运营以及管理活动，分别建构运营以及法律风险管控体系，以免因"药不对症"而产生运营困境，阻碍新生事物的健康发展。

（二）微信原创声明功能数据

微信原创声明功能在保护著作权方面也取得了显著的效果。原创声明功能上线的第一个月，全篇转载原创文章且被标注来源的文章数即突破 22 万，最高的月份（2015 年 7 月）这一数值更是逼近 80 万。

2015 年 2 月至 2015 年 11 月 10 个月间，共有约 515 万篇文章系利用原创声明功能进行转载传播。这一数字的背后，是微信公众平台对原创作品及作者的 515 万次保护，是优质原创文章借由转载帐号进行的 515 万次曝光，是转载公众帐号对原创作品的 515 万次认可，是为读者阅读到更高质量文章增加的 515 万次可能。

另外，微信用户通过手机端对违规声明原创的文章进行的举报，微信公众平台也都认真核实处理。2015 年 5 月至 2015 年 11 月 7 个月间，微信共处理用户手机端的该类举报 1.9 万余篇，有效遏制了部分公众帐号不当使用原创声明功能的行为。

（三）微信品牌维权平台数据

微信品牌维权平台自 2015 年 7 月正式上线运行以来，售假帐号的清理效果亦比较显著。迄今推送至品牌方涉嫌售假举报 1.7 万余例，经品牌方专业鉴定后处理 7400 余例，封禁了 7000 余个售假微信帐号。随着维权效果的日益明显以及商标权人的维权意识不断提高，越来越多的品牌申请加入微信品牌维权平台中，截至2015年11月已经加入微信品牌维权平台的商标权人已经达39个，涉及商标100余个。

未来，随着微信新功能的不断推出以及权利人维权力度的加大，侵权和维权的整体特点会有所变化。微信将密切关注这些数据，并根据数据统计分析结果，持续优化微信知识产权保护策略和措施。

四 微信知识产权保护的建议

作为网络服务提供者，微信一直致力于设置合法、合理并且行之有效的知识产权保护策略，并持续践行和努力完善微信的知识产权保护机制。我们目前的工作还有很大的进步空间，比如囿于设备限制和法律要求，手机端的侵权投诉系统尚待建设；比如考虑到用户体验和防止恶意滥用，原创声明功能和品牌维权平台还未全面推广；比如因为微信并非司法或行政机关，只能在法律赋予的权限内对涉嫌侵权行为进行评估等。

存有这些进步空间，一方面是因为互联网是现实社会的投射，微信内的知识产权状况不可忽视地受互联网之外现实生活中的知识产权保护氛围所影响；另一方面是由于在信息网络环境下，知识产权侵权具有传播速度更快、范围更广、消除影响更困难的特点，因而知识产权保护成为一项更具挑战性，也更加不容忽视的工作。微信每天有上亿活跃用户，意味着每天有海量信息在微信生成、发布、传播。相比庞大的信息数量，凭借微信的一己之力是远远不够的，需要全社会建立起尊重知识产权、重视权益保护的氛围；需要微信、权利人和一般用户三方一道，为构建健康、绿色的网络知识产权环境而努力。

在处理微信知识产权侵权投诉时，我们发现有些投诉人有很好的权利基础、充分的证据资料、清晰的维权诉求，最终有助于这些权利人更快、更好地实现维权目标，保护自身合法权益，避免侵权损失扩大。同时，也有些投诉人对知识产权以及知识产权侵权还没有清晰和科学的认识，以致投诉难以得到处理。就被投诉人而言，有些是明知或应知侵权而故意为之，也有些因对于法律法规不了解而无意实施了侵权行为。

在此，对于权利人维护自身的知识产权合法权益，我们建议：

（1）获得合法有效的权利是维权的基础。在知识产权侵权投诉的过程中，我们不无遗憾地看到部分投诉人尚未获得知识产权，或者无法提供知识产权权属证明，而投诉难以得到处理。为避免这一情况，投诉人应当主动积极地尝试获得合法有效的权利。例如，对于著作权及时进行版权登记；对于正在使用的商业标识，应及时注册商标。

（2）了解法律法规对互联网知识产权保护的相关要求及微信知识产权保护的策略、措施和渠道。通过微信搭建的侵权投诉系统进行投诉，按照要求提交主体信息、涉嫌侵权内容的地址和初步证明材料，是保证侵权行为得到及时制止的基础。借力原创声明功能等微信知识产权主动保护策略，将为保障自身合法的知识产权打开方便之门。

（3）发现知识产权合法权益确实被第三方侵害时，要主动、积极地通过微信提供的官方侵权投诉渠道进行维权，不能消极对待，要明确表明严格保护知识产权的态度和立场，震慑侵权者。

对于一般用户而言，我们提倡：一方面，要合理使用微信，适当了解知识产权保护的法律知识，明悉相关用户协议、微信平台规范以及微信知识产权保护措施，知晓知识产权保护的重要性，在合法范围内、以合法方式使用他人知识产权，避免在不知情的情况下侵犯他人权利；另一方面，也要尊重他人的知识产权成果，如关注高质量帐号、阅读高质量文章，对于剽窃他人创作成果而产生的抄袭文章、人云亦云毫无独创性的照搬式鸡汤文章、侵害商标权的内容以及盗版影视作品、电视作品、视频链接大可敬而远之，不进行进一步的转发和传播。

综上，无论是作为权利人还是用户，知晓知识产权保护相关法律法规、了解微信的知识产权保护机制措施及态度都是十分有益的。利用这些保护渠道和机制保护自己的合法知识产权权益，远离侵权行为，尊重他人的知识产权成果，才能更好地共同维护积极、健康、向上的互联网生态环境。

智慧交通领域：滴滴关注安全保障

薛 岩[*]

滴滴政策研究院

互联网治理已经进入政府、市场、企业、消费者、社区、社会组织等多方共治共管的多元治理阶段（见图1），如何发挥各方作用，使行业有序健康发展，是移动互联网时代治理首先要回答的问题。

图1 互联网治理应充分发挥平台的核心作用

我们认为，平台作为企业运作的一种形式，在互联网治理中应充分发挥其核心作用。主要原因有以下两个方面。

第一，平台上瞬时进行着海量的、实时的交易，大量供给者和需求者在平台上完成交易，如果政府对每单交易进行监管，将大幅提升监管成本。正如薛兆丰教授在《网络平台治理的"三律"》中提到的：政府直接管个体，不仅抛弃了网络平台这一最有效的知识协调机制，而且还让政府直接面对无

---

[*] 薛岩，滴滴政策研究院研究员。

数的麻烦和冲突，这不仅会极大地增加财政负担，而且还会由于不间断的监管挫折而损害政府的管治威望。

第二，平台具有天然的自驱力，通过提升服务品质、树立口碑、健全制度、提高技术，保证平台能吸引足够多的参与者。互联网平台可运用大数据技术，掌握供需双方的信息，确保交易安全、透明、高效；互联网平台直接与市场挂钩，通过市场调节监控服务水平，使服务提供者维护服务水准和安全，为服务需求者提供更满意的服务；互联网平台易于建立全面、全程、全方位的保险机制，为参与交易的双方提供安全保障。

滴滴作为在移动互联网时代蓬勃发展起来的一站式出行平台，为保障平台司机和乘客能够得到优质的服务体验，滴滴多次对安全举措进行升级，陆续上线多项安全功能。通过打造事前高门槛准入、事中全程可追溯、事后保险和保障基金完善的平台安全体系，保障司乘权益，提供最安全可靠的出行体验（见图2）。

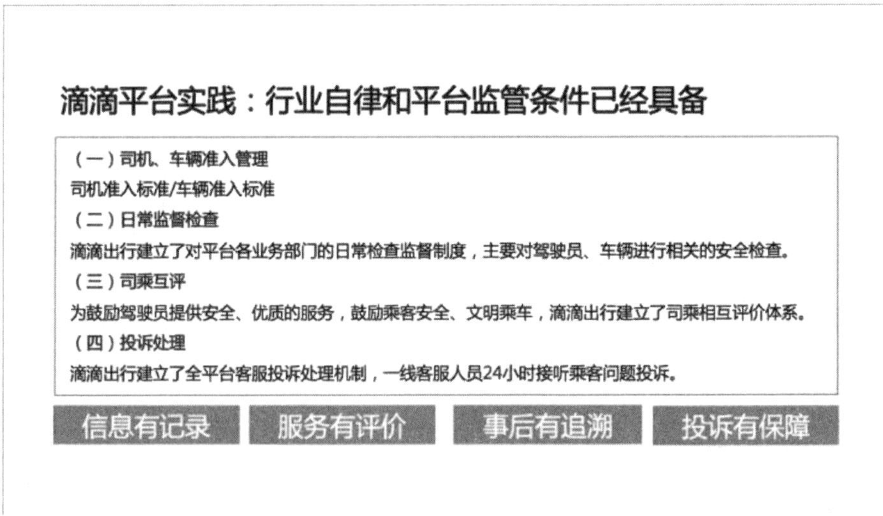

图2　滴滴平台实践：行业自律和平台监管条件已经具备

此外，为了全面提升出行体验，2016年6月滴滴还上线了服务分的功能。我们把接单、接驾、送客、行程后评价分为四大维度、100多个细项、24小时更新，转化为服务分（见图3）。目前服务分已与滴滴智能派单系统结合，系统将优先派单给服务分较高的车主，帮助服务优良的车主获得高收入。

图 3 服务分举措

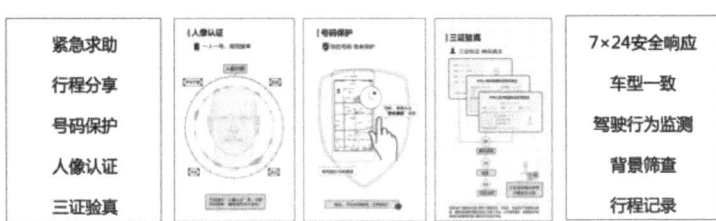

图 4 滴滴平台实践：大数据技术精准治理已经实现

行程开始前：严格准入标准

三证验真

滴滴与国家多个部门紧密合作，剔除可能影响乘客安全的人员进入平台。司机及车主只有"身份证""车辆行驶证""驾驶证"三证信息全部真实有效，才能成功在滴滴平台注册。

人像认证

车主或司机接单之前，需要面向手机摄像头，完成点头、摇头、眨眼等"人像认证"动作，系统将面部信息与公安部数据库进行比对，成功后才能正式接单。滴滴采用的数据库均在公安部门备案，且定期更新，今后还会逐步加入"声纹识别"类的深度人工智能技术。

车型一致

乘客在搭乘车辆时，如遇到车牌信息不符、车型不一致的情况，可通过APP内的投诉通道直接反映，并拒绝搭乘车辆。目前，滴滴平台已通过"车型一致"的验证封禁了一批违规车辆。

行程进行中：严密守护安全

号码保护

滴滴号码保护采用"虚拟中间号"技术，每个订单的虚拟号码都不相同，保障司机、乘客手机号码互不可见。一旦乘客完成订单支付，或取消订单，虚拟号码会自动失效，司机乘客之间不能再互相联系。

行程分享

乘客在等待接驾和前往目的地途中，可通过微信、短信或QQ把自己的行程信息分享给亲友。分享信息包括：订单起、终点，上车时间，目的地距离，预计到达时间，车辆车牌信息以及车辆实时位置。为保障司乘信息安全，乘客到达目的地24小时后，"分享行程"界面将会失效。

紧急求助

紧急求助是滴滴专为紧急情况开发的功能。一旦乘客、司机按下"紧急求助"键，系统会向求助者设置的所有紧急联系人发送求助短信，同时开始录音取证。滴滴出行亦会立即启动紧急应对机制，客服人员会读取上传录音，并为求助者设置的紧急联系人提供力所能及的帮助。滴滴出行客服为"紧急求助"成立了专项小组，客服人员7×24小时在线。所有"紧急求助"的信息都会上报滴滴出行安全平台，并走绿色通道迅速处理。"紧急求助"已于2016年6月开通，以技术手段进一步保障了出行安全。

行程结束后：保障用户权益

司乘意外综合险

滴滴推出了业内首个平台司乘意外综合险，覆盖从订单开始到结束的全流程。在车辆正常行驶过程中，如遇意外事故，针对司乘产生的意外医疗、伤残、意外死亡等费用，滴滴平台提供每人最高 120 万元的保险保障。

数据隐私保护

我们十分注重对数据安全和用户隐私的保护，严格按照国家法律法规要求，划分数据安全级别和访问权限。滴滴内部所有数据的使用需先经过严格审批。通过一系列数据安全举措，我们把数据泄露的风险降到最低。

因此，我们认为，移动互联网时代的平台治理，应以"疏"为主，用更低的成本、更具根治效果的策略进行治理；应重视平台的作用，发挥平台在治理中的中枢作用。这是中国监管者应有的智慧，也是全球移动互联网蓬勃发展的重要条件。而具体到网约车监管政策，目前国际上也都对互联网＋交通采取包容的政策趋势（见图 5），我们也期待中国的网约车监管，能够给予创新主体、平台企业更多的发展空间。

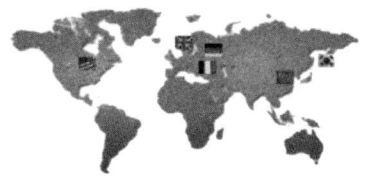

图 5　互联网＋交通的治理政策建议

跨境电商领域：考拉强调体验优化

王 佳[*]、周晓倩[**]

网易战略研究部、艾瑞研究院

一 跨境电商概念定义及行业概况

（一）跨境电商概念定义及发展特征

1. 跨境电商概念定义及发展特点

跨境电子商务是指分属不同关境的交易主体，通过电子商务平台达成交易、进行支付结算，并通过跨境物流送达商品、完成交易的一种国际商业活动，按进出口方向分为出口跨境电子商务和进口跨境电子商务，按交易模式分为 B2B 跨境电子商务和 B2C 跨境电子商务。本次主要研究的对象是进口 B2C 跨境电子商务。

2. 跨境电商与海淘、个人代购有什么区别？

提到"跨境电商"往往绕不开"海淘"和"个人代购"这两个话题。海淘是指消费者不依赖代购商家，直接去国（境）外网购淘货的一种模式，存在语言门槛高、转运流程复杂、到货时间慢、售后难保障等痛点；个人代购免去了语言和流程的障碍，但存在货源价格高、质量无保障、供给不稳定等问题。

相较于"海淘"和"个人代购"，跨境电商由于试点的货物保税暂存模式，使消费者能快捷地收到订购商品，并在退换货方面彰显优势；另外，因大幅度降低进口环节税的税收优惠政策和集中采购模式将大大降低商品的采购成本和物流成本；同时，商品的进口、检验检疫、网上销售，经过全程的阳光监管通道，商品的品质得到保障，消费者的权益得到保护，同时也解决

---

[*] 王佳，网易战略研究部研究员。
[**] 周晓倩，艾瑞研究院研究员。

了售后服务问题。

（二）跨境电商市场规模及发展阶段

1. 跨境电商市场规模

艾瑞数据显示，2015年，中国进口零售电商交易规模近1200亿元，在进口电商中占13.2%，该数值在2016年预计突破2000亿元，在进口电商中占近20%。其中，中国进口零售电商B2C市场交易规模达544.2亿元，同比增速达348.0%，该数值在2016年预计破千亿元，增速超过100%，处于高速发展期（见图1）。

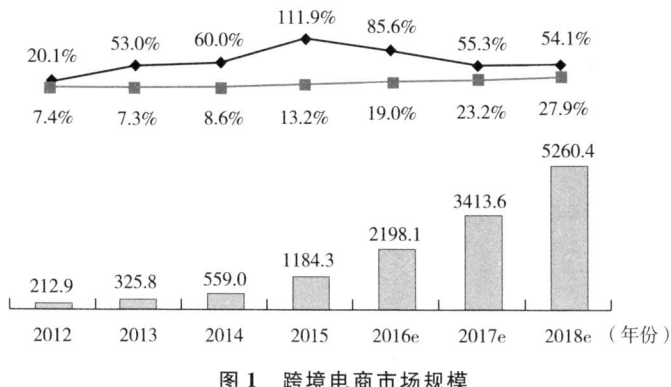

图1 跨境电商市场规模

2. 跨境电商发展阶段

2015年以前，跨境市场以个人代购、小C转运为主，存在灰色地带，缺乏规范化。2015年被称为跨境电商元年，政策逐渐明朗，跨境电商平台、线下零售商、资本方、创业者、地方政府等各种力量逐渐加入，整个市场进入高速发展期，机会点很多，新兴APP不断涌现。

相较于2015年的繁盛，2016年则是跌宕起伏、重新洗牌的一年，特别是"四八新政"和"正面清单"的出台，在一定程度上削弱了跨境玩家的价格优势，提高了对供应链和商品的准入门槛，越来越多中小跨境电商平台迅速出局，市场重新洗牌，竞争格局开始明朗化。

（三）跨境电商政策梳理

表1 2012～2016年中国跨境电商相关政策梳理

2012年12月	设立跨境电商朋务试点（上海、重庆、杭州、宁波、郑州、广州等）
2013年7月	国务院常务会议制定促外贸"国六条"，明确积极扩大商品进口，增加进口贴息资金规模。这是国内电子商务平台发展进口业务提供了契机
2013年8月	国务院发布《促进信息消费扩大内需的若干意见》，提出挖掘消费潜力、增强供给能力、激发市场活力、改善消费环境等
2013年8月	国务院办公厅转发商务部等部门《关于实施支持跨境电子商务零售出口有关政策意见的通知》，即国家支持跨境电商产业发展"国六条"正式出台，该通知在上海、重庆、杭州、宁波、郑州5个城市试点跨境贸易电子商务服务，并从2013年10月1日起向全国有条件的地区实施
2013年9月	第二批国家电子商务示范城市创建工作启动；2013年11月底，商务部发布《关于促进电子商务应用的实施意见》
2014年1月	财政部、国税总局联合发布《关于跨境电子商务零售出口税收政策的通知》，明确跨境电子商务零售出口有关的税收优惠政策
2014年3月	国务院总理李克强在两会政府工作报告中提出实施鼓励进口政策，增加国内短缺产品进口，扩大跨境电子商务试点
2014年5月	国务院发布《关于支持外贸稳定增长的若干意见》，提出进一步加强进口，出台跨境电子商务贸易利好措施等
2014年7月	海关总署公布《海关总署公告2014年第56号（关于跨境贸易电子商务进出境货物、物品有关监管事宜的公告）》
2014年8月	实行三单对接，以"清单核放、汇总申报"方式办理电商进口货物报关手续
2014年8月	海关总署增列海关监管方式代码"1210"，全称"保税跨境贸易电子商务"，简称"保税电商"
2015年1月	国家外汇管理局在全国范围内开展支付机构跨境外汇支付业务试点
2015年3月	设立中国（杭州）跨境电子商务综合实验区
2015年4月	国务院常务会议确定，对国内消费者需求大的部分国外日用消费品，2015年6月底前开展降低进口关税试点，逐步扩大降税商品范围
2015年5月	各地海关保持365×24小时的作业时间，提升通关效率
2015年9月	海关总署出台58号公告规定，进口保税业务只能在保税备货试点城市进行
2016年3月	推广增加跨境电子商务综合实验区至12个
2016年3月	开始施行无纸化通关

续表

2016 年 4 月	施行新跨境电子商务零售进口税收政策，免税时代终结
2016 年 5 月	自 2016 年 5 月 11 日起，对跨境电商零售进口有关监管要求给予一年的过渡期，即继续按照试点模式进行监管
2016 年 5 月	商务部新闻发言人关于延长跨境电商零售进口监管过渡期的谈话称，经有关部门同意，监管过渡期进一步延长至 2017 年底

二 跨境电商主要模式及核心玩家

（一）跨境电商主要模式及核心企业

1. 跨境电商主要模式

现阶段，跨境电商主要分为保税模式和直邮模式两大类，两者最直观的差别在流程上：保税模式先由跨境电商企业将商品批发入境，存储在境内保税仓，用户下单后再清关，该模式必须报关。直邮模式是在用户下单后，跨境电商企业发起采购，在入境时即需清关，该模式不用全部报关，海关对其进行抽查。

2. 跨境电商核心企业

企业方面，跨境电商主要分为两大阵营，一是平台型企业，商家入驻模式，以佣金和广告收入赢利，二是自营型企业，自采自销，通过商品毛利赢利。

平台型企业又可以细分为 B2C 平台和 C2C 平台两类——B2C 的典型代表是天猫国际和京东全球购，品牌商合作或分销商入驻模式，自带用户规模和流量优势；C2C 的典型代表是淘宝全球购和洋码头，买手代购模式，这类企业的优势在于模式轻，资金和供应链压力小，不足点在于对商品品质以及物流方面的控制力有限。

自营型企业又可以细分为大电商子频道和独立跨境 APP 两类，大多采取保税进口＋直邮模式，对资金和流量要求较高，在品控、成本、物流方面的话语权高于平台型电商。大电商子频道主要是唯品国际和聚美极速免税店，独立跨境 APP 的典型代表有网易考拉海购、小红书、蜜芽、达令、丰趣、格格家、波罗蜜等。

相对于大电商子频道，独立跨境 APP 是一个从 0 到 1 的过程，没有既有的定位或人群限制，发挥余地和想象空间更大。其中，网易考拉海购属于媒体型电商，背靠网易集团，享有资金和流量优势；小红书属于社交型电商，最初的购物板块"福利社"由女性化妆品社区转型而来；蜜芽属于垂直型电商，深耕母婴领域，并不断加大亲子周边布局；达令属于粉丝型电商，主打鹿晗效应，近期刚获融资。"四八新政"过后，各家通过不断创新，转型调整，日渐形成各自特色。

（二）跨境电商典型企业分析：网易考拉海购

网易考拉海购是网易旗下以跨境业务为主的综合型电商平台，于 2015 年 1 月上线公测，销售品类涵盖母婴、美容彩妆、家居生活、营养保健、环球美食、服饰鞋包、数码家电等品类，面向有一定消费力的新中产人群，主打"用更少的钱，过更好的生活"理念，秉承"正品、低价、极致物流"三大原则，实施"直播、榜单、场景营销"差异化战略，在发展过程中经历了跨境政策变动、品类结构调整、竞争对手 PK 等一系列事件，最终成为跨境电商领域的佼佼者。

1. 网易考拉海购奉行的基本原则：正品、低价、极致物流

总结网易考拉海购的实战经验，我们发现，"正品、低价、极致物流"这三个原则是跨境电商企业的立足之本。

• 正品：研究发现，无论年初还是年末，正品依旧是用户的第一痛点，为了源头上能够采购到正品货源，网易考拉海购在全球近 10 个主要国家和地区成立分公司和办事处，保证可以从原产地实现进货并全程监督运输，同时精选上下游供应链，对供应商资质进行严格审核，同时向用户作出"假一赔十"的售后保障承诺。

• 低价：价格也是用户选择跨境购而非国内电商的另一个重要原因。2016 年，网易考拉海购和花王、尤妮佳、美赞臣、卡乐比、日本乐天、COSME、SASA 等全球多个顶级品牌和供应商达成战略合作，以批量直采的形

式拿到较为优惠的价格，同时通过新品独家首发的方式加深合作关系，如Hero Baby白金版婴儿配方奶粉、澳佳宝胶原蛋白口服液新品等都在网易考拉海购进行了独家首发。

• 极致物流：用户在海淘过程中最不满意的因素里面，物流慢频居高位，意识到这个痛点之后，网易考拉海购提出"次日送达"概念，目前支持江浙沪的大部分城市和地区，凡是在这一区域内选购了网易考拉海购杭州仓、宁波仓商品的消费者只要在每日的14：00前下单，均可免费享受"次日24：00"前送达的服务。

2. 网易考拉海购的差异化战略：直播、榜单、场景营销

除了"正品、低价、极致物流"基本原则外，"直播、榜单、场景营销"成为网易考拉海购在实践过程中较为有效的营销战略。

• 直播：2016年，直播以互动更直观、亲密性更强等优点，当之无愧成为年度关键词，各跨境电商企业也陆续通过和直播网站合作、单次专题直播或者APP站内开辟专门频道等方式将直播元素加入日常营销中。在网易考拉海购方面，今年与虎牙直播、斗鱼直播、nice、网易BOBO四大直播平台达成战略合作，并启动"818洋货节"明星全球直采直播项目，"双11"期间又联手什么值得买，直播日本花王、卡乐比、UCC咖啡正品直采全过程，吸引了数百万人参与。

• 榜单：从用户购买动机来看，主要分为主动搜索和被动推荐两大类。当下大多数海淘用户对海外商品不是特别熟悉，对于"买什么""什么东西好用""什么东西性价比高"并没有明确的认知，很多时候都是被动推荐引发的购买。达人、买手便是很好的例子，意识到了这点之后，网易考拉海购利用大数据技术，发布今日热销榜、COSME/乐天榜单等，同时结合网易特色打造丁老板专栏《三石的私物精选》，为用户推荐高性价比海外精品。

• 场景营销：除了直播、发布榜单外，场景营销也是今年网易考拉海购主打的一个点，本着"用更少的钱过更好的生活"的宗旨，网易考拉海购在年初启动"丢掉99%的废物，只过1%的生活"营销，告诉用户在合适的场景用合适的商品，"双12"期间，构建了"考拉品质之家"，布置了卧室、餐厅、客

厅、婴儿室四大场景，并精选了更加适合国内用户的"小而美"，得到好评。

3. 网易考拉海购如何应对408新政带来的挑战

税改及跨境新政是个渐进的过程，新政首先为跨境电商明确了户口问题，标志着近两年试点工作的阶段性结束；新政对进口商品的类别做了更详细的规定，对于行业的规范化有着积极的意义，但也在具体的操作过程中遇到了一些问题，并在2016年底迎来一年的延期执行。关于跨境电商平台"如何应对新政挑战"问题？网易考拉海购实践经验如下。

• 提前数月、战略布局

网易考拉海购提前数月针对商品类别、仓储布局、用户体验流程等多方面做了充足的准备，在税改初始的混乱中，其保证销售服务的顺利进行，对供应商不退货，对消费者供货通畅，将税改变成自己弯道超车的机会。

• 发券补贴、成本优化

对于新政带来的消费者税负提升，一方面，网易考拉海购通过消费者返利、优惠券等多种形式，帮助消费者度过价格的适应期；另一方面，网易考拉海购还依托自身供应链优势，不断深化自身从采购到仓储物流、销售等各个环节的成本控制能力，更主动地消化成本上升压力，为消费者争取可持续的优质商品和价格优惠。

• 丰富品类、升级供应链

面对新政延期，网易考拉海购一方面会继续做好充足的准备，通过丰富商品品类、优化商业布局、不断升级供应链来应对可能的变化；另一方面也希望国家能够在消费限额等方面做出积极的改变，促进消费回流和消费升级，为消费者提供更好的购物体验。

三 跨境电商用户画像及消费特征

（一）跨境网购用户基本属性

根据艾瑞咨询发布的《2016年中国跨境网购用户研究报告》，对比整体网购用户，跨境网购用户年龄偏大，具有更高的学历和收入水平，也相应具有更高的消费能力；另外，他们多为企业员工，已婚已育，工作、生活状况稳定，具有较强的消费意愿。

男性为主：男性占64.8%；女性占35.2%，较整体网购偏高。

年龄偏大：26~40岁年龄段占74.7%，接近3/4；对比整体网购人群，跨境网购用户年龄偏大，31~40岁年龄段用户占比高于整体网购人群。

高学历：本科及以上占比达74.6%，高中及以下仅不到5%，较整体网购人群学历更高。

高收入：个人月收入万元以上的最多，占比超1/4；平均个人月收入达11043.9元，较整体网购用户明显偏高。

职业分布：企业员工占比为55.6%，超过一半，其中普通职员最多。

婚育状况：有孩子的占66.5%，有一个孩子的占56.1%，超半数。

地域省份：东南沿海跨境网购用户最密集，仅广东、上海两个省市就将近占跨境网购用户的1/4；前几名的广东、上海、江苏、北京、山东都是我国经济比较发达的省份。

（二）跨境网购用户消费特征

1. 知晓渠道

用户在跨境网购中仍需要一定的引导，导购网站是用户了解和访问跨境网购网站最主要的途径，占比为59.8%，其次是亲友推荐，占比为51.2%。此外，媒体接触、网络广告也是触达跨境网购用户较为有效的方式，占比均在35%以上（见图2）。

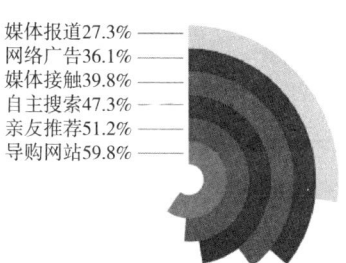

图2　跨境网购用户了解跨境网购的途径

2. 购买渠道

超过 3/4 的跨境网购用户使用过国内跨境电商网站，使用最多的是国内电商境外购物频道。相当比例的用户的最终消费行为仍发生在国外网站。国内独立跨境电商网站和官方性质电商网站有较大发展空间（见图 3）。

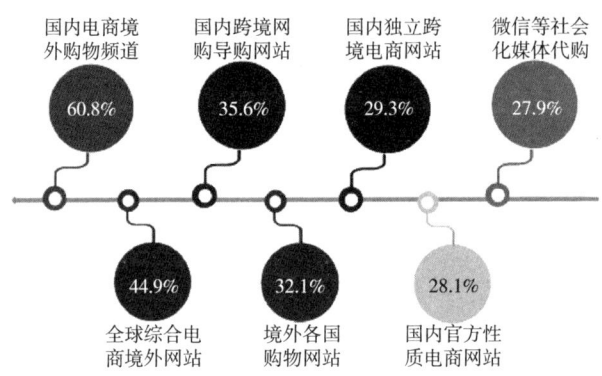

图 3　跨境网购用户使用的跨境网购网站类别

3. 购买品类

跨境网购用户偏爱的 Top3 品类为化妆个护类、母婴用品类、食品保健类，占比分别为 45.7%、39.3%、38.6%（见图 4），从特征上来看，这三者都是对安全和品质有较高要求的品类。

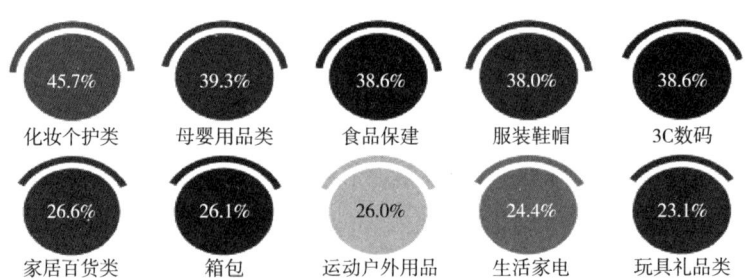

图 4　跨境网购用户跨境网购过的品类

4. 消费金额

艾瑞数据显示，跨境网购用户客单价高于整体网购，集中在 100～500元，千元以上占 1/4（见图 5）。

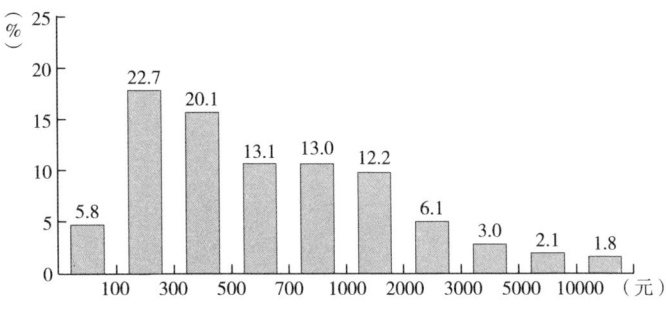

图 5 跨境网购用户跨境网购平均每笔订单金额

四 跨境电商存在问题及未来趋势

（一）跨境电商行业目前存在的问题

艾瑞分析认为，现阶段，进口零售电商行业仍处于发展早期，在物流成本、消费者权益保护、电商服务体系等方面仍有待改善。

1. 跨境物流成本较高

由于丢包、空运，物流成为跨境电商利润的主要吞噬点；跨境配送周期过长，部分国外地区难以追踪物流，包裹破损甚至丢失的问题经常出现。零售的体量小，较为依赖航空运输，也导致物流价格偏高。

2. 跨境消费者权益保护不足

涉及不同国家法律法规，且国内和国外商品标准不同；涉及不同国家或地区的法律法规，我国消费者保护法很难保障消费者权益。此外国内商品标准与国外标准有差异，可能会带来商品使用安全问题。

3. 跨境电商服务体系不完善

海关及其他服务体系应对几何级增长的工作量仍待完善；交易频次的增加带来海关和检验检疫等方面服务工作量呈几何级增长，目前由于很难对每个邮包进行核定，统计数据难以反映真实交易情况。

（二）跨境电商行业未来发展趋势

从中长期来看，中产阶级的兴起、消费升级的驱动、传统零售的变革以及大数据和技术的发展，都将成为跨境电商行业利好点，特别是 2016 年"双 11"后，跨境大盘整体回暖，各家数据都有不同程度的攀升。但政策的不确定性依然存在，跨境电商各大平台仍然需要在宝贵的缓冲期内针对供应链、服务、体验等环节建立更高的竞争壁垒，同时也希望政府政策给予一定的支持。

1. 税收：遏制税收逃逸

● 简化征税环节：进一步简化征税环节，更多采用信息化手段，为企业提供更加便利和优质的税收服务。

2. 监管：逐步规范化

● 加强诚信监管：以诚信信息互通为重点，推动各监管部门之间的信息共享、监管互认、执法互助。

● 加强质量监管：健全消费者权益保护和售后服务制度，落实企业承担质量安全的主体责任。

3. 经济：支持跨境服务企业

● 鼓励服务企业：鼓励企业为跨境电商企业提供通关、物流、仓储等各方面服务。

● 鼓励跨境金融：鼓励银行、支付机构依法合规开展跨境电子支付业务，鼓励商业银行探索适宜跨境电商发展的贷款、保险等综合金融支持。

网络文化领域：乐视审视成长环境

贺劲松[*]、李静恬[**]

乐视控股、乐视生态研究院

文化产业是指从事文化产品生产和提供文化服务的经营性行业。根据国家统计局数据，2015 年，全国文化及相关产业增加值为 2.7 万亿元，比 2014 年增长 11%，比同期 GDP 增速高 4.6 个百分点；对 GDP 增量的贡献达 6.5%，比 2014 年提高 1 个百分点，文化产业发展活力凸显，成为经济增长的一大亮点。2016 年上半年，全国规模以上文化及相关产业 10 个行业营业收入均实现增长，且增速强劲。其中，增速最快的互联网文化产业营业收入为 2502 亿元，增长 29.7%。在互联网文化产业迅猛发展，对人们生活影响日益扩大的背景下，如何找准互联网文化产业的定位，梳理总结现有创新实践以及成效，提出相关政策建议，成为新时期互联网文化产业治理的重要内容。

一 互联网文化产业的新方位

党的十八大报告提出，让"文化产业成为国民经济支柱性产业。"随着互联网技术的全领域覆盖和渗透，文化产业的支柱性地位进一步巩固，在国民经济和社会发展中的作用和影响不断加强，确立了新的历史方位。

（一）主体多元

1. 从"独轮车"到"四驱车"

在与互联网融合前，文化产品的生产及公共文化的服务和管理在很大程

---

[*] 贺劲松，乐视控股副总裁。
[**] 李静恬，乐视生态研究院研究员。

度上是由政府部门负责，政府是引领文化产业发展的单一主体，政策、资金、产业布局等均由政府主导，形成了"独轮车"奔跑模式。这种"独轮车"模式能有效集中各类资源，确保产业发展的正确方向，对推动我国文化产业飞速发展发挥了重大作用。互联网时代的到来，为文化产业的创新发展插上了翅膀。特别是文化产业的政策开放和诱人前景，吸引了众多互联网企业的大举进入。乐视等互联网企业通过并购、控股、参股以及股权投资、业务合作等形式，纷纷进入文化产业领域，它们在创造新的市场空间的同时也很快获取了相当市场份额，以乐视为例，每年投入文化内容的资金就达上百亿元。在国家"大众创业、万众创新"政策支持下，各种互联网技术平台整合了文化领域的各类创新资源，建立起文化资源共享服务体系，越来越多的用户也参与到文化产业建设中来，由政府、社会资本、技术和用户"四轮"驱动的互联网文化产业明显提速，文化产业"四驱车"疾速奔驰，迎来了大发展、大繁荣时期。

2. 百花齐放

主体多元打破了我国文化产业发展的固有格局，在给文化产业赋予全新定义、注入新鲜血液的同时，也带来了全新的变革。

草根文化方兴未艾。互联网文化产业把文化消费端融汇进来，与供给侧一起构成了网络文化生态。这其中最有特点的就是网络文化的自我创造和传播。在网络世界里，每个人既是文化消费者也是文化生产者，大量草根文化作品开始在网络涌现并赢得众多粉丝，文化创作从神坛走向人间（网络文学的盛行以及网络作家能够据此获取的高额收入，彰显了大众创造蕴含的潜力。比如在近年来的"网络作家富豪榜"榜单中，网络作家唐家三少连续四届摘得榜首头衔，版税由2012年的3300万元，到2013年的2650万元，再至2014年的5000万元，目前翻番过亿元成功卫冕，唐家三少的成功也代表着网络作家的成果越来越受社会认可）。随着互联网技术的广泛应用，消费者自我创造文化的能力越来越强，文化产品数量出现井喷现象。从网络文学的普及到网络直播的兴起，从文化贴吧网友的畅所欲言到视频分享网站中自制短视频的兴盛，更贴近大众生活、更接地气的草根文化在网络世界建立起自己的舞台，成为互联网文化产业的重要组成部分。

文化产品属性回归。在传统文化事业发展进程中，往往注重强调文化的公益性价值以及为意识形态服务的属性，而对大众文化消费的功能和作用有所忽略。进入互联网时代，在文化产业主体多元化的影响下，随着社会资本、技术和用户的加入，文化产品的文化消费属性开始回归，文化产业的内容更加多元，特别是满足大众化、商业化需求的文化产品受到市场追捧（如著名网综《奇葩说》的火爆，颠覆了业界想象，同时开启了各大平台纷纷争奇斗艳，精彩纷呈的网综时代。《奇葩说》第一季豆瓣评分为9.1分，总点击量超过2.6亿次，节目中惊喜连连，亮点不断，引人思考）。互联网文化作品与传统严肃文化作品相映成趣、百花齐放、百家争鸣，发挥着对人们心灵和文化消费的潜移默化作用，创造着独特的文化和商业价值。

3. 阶段性特征凸显

主体多元参与使互联网文化产业迎来大发展，但同时也出现了特定发展阶段的新问题。

一方面，传统文化产品影响范围缩窄。对用户来讲，传统文化产品往往是以单向输入为主，载体多为书籍、广播、电视等。在互联网时代，文化产品通过与互联网技术融合而具备双向功能，文化产品不再只是单向输出，用户作为文化产业主体之一也可以通过网络对文化产品进行讨论和评价，甚至可以参与文化产品的创作，影响文化作品的内容走向。以乐视拍摄的《芈月传》为例，这部作品根据用户的文化消费大数据对剧本内容进行了多次修改，最终在收官时赢得了全网200亿的播放总量。同时，文化传输载体也从电视、电脑扩充到移动端，智能手机等移动设备成为用户接收、创造文化产品的主流工具，碎片化文化产品大行其道。而传统文化产品的非移动互联属性，限制了它在这些移动端的传播，影响了它对年轻用户的触达，影响力呈现减缓态势。

另一方面，互联网文化产品良莠不齐。在互联网这个平等、开放的平台上，互联网文化产品获得前所未有的资本滋养和用户喜爱，成长势头强劲。但与此同时，一些不良产品"乱花渐欲迷人眼"。比如在最近火爆的直播视频行业中，一些色情、暴力内容频频出现、屡禁不止，对青少年价值观养成和社会底线产生不良冲击。与此同时，对直播视频这类新兴文化产品的政策监管体系也还在探索和构建中。互联网文化产业一方面繁花盛开，另一方面泥沙俱下，成为互联网文化产业的阶段性特征，急需加大治理力度。

（二）融合分众

在互联网文化产业的新方位中，产业融合与分众消费并存成为一大鲜明标识。

1. 文化与科技、互联网跨界融合

文化产业与科技、互联网技术的相互渗透、作用和融合，成为推动文化产业发展的重要力量。近年来，智能终端的升级替代为文化产业不断扩容，互联网技术的飞速发展又使文化内容传播全球无疆界，极大地拓展了文化产业的覆盖空间和延展范围。而互联网文化产业的爆发式增长，又为智能科技制造和互联网技术带来源源不断的资金和用户数量。三大产业的跨界融合产生强烈"化学反应"，形成三大产业间的良性循环及深度互推，构成了生生不息的互联网文化生态。

从国外看，科技与文化产业的融合渐成趋势。2016年底AT&T欲以854亿美元收购时代华纳就是科技与文化产业跨界融合的缩影。通过收购时代华纳，AT&T这一美国老牌电信运营商获得全球市场最有价值的媒体资产之一，摇身一变成为娱乐巨头，同时在视频和移动领域成为举足轻重的重量级选手。以文化产业为标的的跨界融合已成时代潮流，势不可挡。在国内，文化与科技、互联网的跨界融合正重构文化产业格局。文化企业性质从单一转向多元，产业增长从中量级转向指数级，文化消费用户从集群转向分众，文化竞争从低层转向高阶，严肃文化、精英文化、大众文化等多品类文化齐头并进，文化产业迎来全盛的黄金时代。

2. 分众消费成为时代趋势

在互联网技术的作用下，文化产业从过去的高高在上转向适应用户多元需求，不再只提供大一统的文化产品，而是针对不同层次的用户生产适配的文化产品，文化供给侧已经发生巨大变化。文化产业开始呈现明显的分众消费态势，不同层次的人消费对应的文化产品，各美其美，美美与共。文化生产流程从以前导演、编剧、制作人、主编说了算转变为分众化运营。主创方必须通过大数据分析，获得不同人群的偏好，根据流行、偏好元素进行文化内容创作、筛选及分发，以确保文化产品的适销对路。

(三) 高速增长

在国家支持和鼓励发展的大背景下，近年来我国互联网文化产业保持大幅增长势头，互联网企业在文化产业体系占有一席之地，影响不断加深，地位不断提高，互联网企业的全球化战略也在助推中华传统文化走出去。

1. 文化产业迎来爆发增长期

据统计局对全国规模以上文化及相关产业4.9万家企业的调查，2016年前三季度，上述企业实现营业收入55881亿元，比上年同期增长7.0%，保持了较快的增长速度。而这仅仅是全国规模以上的文化企业的收入，如计入中小型企业和个人的收入，整个数值将颇为惊人。

从2016年各大互联网企业看，文化产业已成为其主要业务板块，增长势头喜人。以乐视视频为例，从2016年初到第三季度，上市公司乐视网营业收入为168亿元。这168亿元包含了广告业务收入、付费业务收入、版权分销业务收入以及终端业务收入等。乐视视频的多种收入模式并不依赖于单独某一部影视剧作品，而是基于公司持续不断扩充的"影视剧库"产生的，实现了单片影视剧简单加总无法产生的聚合效应。截至2016年第三季度，乐视网全网日均UV约7040万，峰值达到1亿，日均VV约3.9亿，峰值达到4.8亿。乐视生态迸发出惊人的能量。

2017年2月21日，百度发布公告称，爱奇艺完成了一轮总额15.3亿美元的可转债认购，主要认购方为百度、高瓴资本等，其中百度认购3亿美元。在大额投入支持下，爱奇艺2016年版权采购达到1600部，较2015年增长100%；在内容布局方面，2016年自制内容超过60部，较2015年同比增长了200%，其中自制剧增长468.5%。李彦宏致员工公开信也首次把内容分发提到了最重要的位置，未来百度将会继续加大对大文娱产业的投资。

阿里巴巴不断将战略重点和资金向文娱产业倾斜。2016年6月15日，阿里巴巴集团宣布正式成立"阿里巴巴大文娱板块"。该板块囊括了阿里巴巴集团旗下的阿里影业、合一集团（优酷土豆）、阿里音乐、阿里体育、UC、阿里游戏、阿里文学、数字娱乐事业部。通过一系列的收购入股，进入阿里家庭娱乐开放生态链条中的企业包括拥有牌照方的华数、CIBN、芒果TV，内容端有优酷，传统电视厂商则包括海尔、康佳、长虹等，互联网电视品牌有微鲸。阿里巴巴的大文娱产业布局产生了强大的经济影响力，2016年第四季度收入达到40.63亿元，同比增长了273%。大文娱产业的强劲势头增强了阿里巴巴继续大力发展文化产业的信心。

从2012年开始，腾讯互娱开始涉足除游戏以外的泛娱乐业务，腾讯动漫、腾讯文学、腾讯电影相继发布。自2014年之后，除了自我孵化培植，腾讯更加大了文娱的投资并购，投资了包括海洋音乐、Supercell、斗鱼直播等行业翘楚。腾讯影业自成立之初就定位为生态型电影企业，目前已经依靠自身资源布局电影、电视机、动漫产业，形成了完整的产业链闭环。2016年上半年，腾讯花费的内容成本以及代理费就达49.45亿元。

这些信息表明，我国互联网文化产业发展已经迎来爆发式的增长，并在国民经济中占据着重要地位。

2. 互联网企业成为文化产业新兴力量

互联网浪潮涌动，互联网行业的巨头们纷纷将目光投向了文化产业。乐视、BAT等纷纷加大在文化产业上的投入，掀起互联网文化产业创新风潮。比如乐视，一直着力于搭建全球内容开放平台，提出"北京－洛杉矶－硅谷"全球战略支撑线以及"G2"（中国、美国）战略，进军全球文化市场。同时，通过乐视智能手机、智能电视、VR设备、智能自行车以及电动汽车等生态产品在全球的销售，把互联网文化生态向全球进行复制并取得了阶段性成功。互联网企业在内容、渠道、终端以及用户等环节全部打通，实现了从下游影响上游的目的。在内容端，分众化的、垂直的、面向精准人群的内容类型被开发制作，IP内容的孵化和商业运营更有针对性，更系统化；由于互联网企业在内容上的自主权越来越大，内容开发能力不断增强，在媒体渠道竞争方面形成了更自主、多样的内容排播方式；在终端方面，互联网电视搭载内容的商业模式，在带动智能电视销量的同时，扩大了用户的规模。在输送内容给互联网电视的同时，电视的商业化拓展也推动着用户的增加；随着网络视频用户增速的放缓，用户个人价值的开发和APRU值的提升成为网络视频平台发力的重点，网络付费用户持续增长。不论是文学创作，还是影视剧拍摄，还是自制剧的兴起，互联网企业都跨界进入文化领域，并借助互联网的力量一跃成为文化产业的新兴力量，在互联网文化产业举足轻重，成为文化产业发展的一道风景线。

3. 全球文化交融进一步加深

随着文化产业与科技和互联网的融合，全球文化交融更加深刻。近些年来，海外文化以美剧、韩剧等形式不断输入，拓宽了大众文化视野，分享了全球文化发展成果。与此同时，中华传统优秀文化也在走出去，通过不同渠道和平台向海外输出，赢得了国际文化的认同。但从整体情况看，我国文化输出力度亟待加强，"文化出海"依然任重道远。

二 互联网文化产业创新实践

近年来，我国互联网企业在闯入文化产业的同时锐意创新，在这一领域进行了多种探索和实践，为文化产业发展注入了新活力。

（一）互联网文化产业异军突起

伴随着文化产业与互联网、技术的跨界融合，我国文化产业的蛋糕越做越大，其中互联网视频行业更是在短短几年内就跃升为互联网文化产业最为活跃的分支。

1. 互联网企业担当主力

相较于传统的文化产业主体，互联网企业更具现代思维，更能准确把握时代脉搏，洞察文化产业发展的先机。作为国内视频领域的先行军，乐视网

（乐视视频）于 2010 年 8 月在中国创业板上市，是全球首家 IPO 上市的互联网视频企业。上市之后主要从事基于整个网络视频行业的广告业务、终端业务、会员以及发行业务等。在乐视生态战略的引领下，乐视网目前已经成为基于一云多屏构架、实现全终端覆盖的网络视频服务商。仅 2016 年上半年，乐视就实现营业总收入 100.6 亿元，较 2015 年同期增长 125.59%，收入增长的主要原因系超级电视热销、会员付费以及广告业务快速增长。输出热门大剧如《芈月传》《太子妃升职记》《亲爱的翻译官》《好先生》《半妖倾城》等，在第三方专业媒体监测平台 comScore 发布的 2016 年 1~6 月 VideoMetrix 视频网站日均 UVTOP 10 榜单中，乐视视频网站排名稳居行业第一位或第二位。作为一家大型互联网生态企业，乐视已显现出在互联网文化产业领域的强大能量。

除此之外，腾讯视频也一直着力于海外内容的引进，坚持"自制"、"版权"和"用户体验"三个核心战略。爱奇艺在付费会员方面发展强劲，优酷也在 2016 年加大投入，以 100 亿资源打造优质付费内容。这些互联网企业抓住网络原住民对互联网视频方面的强烈需求，投入巨资和技术共同做大互联网视频市场，吸引了上亿用户，构建起一个全新的文化行业。

根据易观 2017 年 1 月 11 日发布的《中国网络视频付费市场专题分析》，2016 年度中国网络视频付费市场继续增长，预计付费用户规模将达到 6130 万人，市场整体收入规模达到 108.9 亿元人民币。根据 2016 年 11 月综合视频领域活跃用户统计，爱奇艺、腾讯以及优酷视频均已经达到一亿以上的活跃用户数量，所有 TOP 10 的月活跃用户人均单日启动次数都在 5 次以上。随着互联网人口红利的逐渐削减，互联网视频平台将通过深入挖掘用户价值形成更多元化的商业模式，未来付费用户规模还将继续保持高速增长，用户付费在网络视频平台整体收入结构中将占据更大比重。

2. 产业蛋糕做大

2015 年，我国互联网视频市场规模超过 400 亿元，同比增长 61%。除此之外，音乐、体育、游戏等领域也大力发展。随着大众对体育赛事关注的增强，以及对体育赛事转播权的放开交易，体育赛事节目的价值不断增加。仅在国内，腾讯以 5 亿美元获得 NBA 未来五个赛季的网络独家直播权，乐视则以 27 亿元购买了中超的独播权利。TVSM 的全球报告显示，2014~2016 年，体育媒体的市场价值增加了 18%，约近 430 亿美元。预计体育媒体转播权的市值将继续增长并在 2019 年达到 500 亿美元。

音乐产业也在国家政策的引导下健康良性发展。国家新闻出版广电总局颁布了《关于大力推进我国音乐产业发展的若干意见》（以下简称"《意见》"）。《意见》提出，到"十三五"末期，整个音乐产业实现产值 3000 亿元。综合音乐、移动 K 歌和演艺直播是开展互联网音乐服务的主要平台，其中综合音乐平台成型时间最早，聚集了从 PC 端转移过来的大部分用户；移动 K 歌平台则精准地击中了用户的"唱"需求；演艺直播平台则满足了用户对"视听演唱"的音乐需求。其中演艺直播平台分为两种，一是借助网络直播间支持主播唱歌跳舞等才艺表现的音乐直播产品；二是对音乐会、演唱会等现场的直播。乐视音乐就是第二种演艺直播平台。区别于传统演唱会的是，乐视音乐的"生态演唱会"模式是打通整个演出的全流程服务，从票务的预约抢购、线下演出的经营，再到用户整个出行的服务，等等。乐视音乐分众化的运营模式，让不同类型的人都能找到自己感兴趣的内容。而阿里音乐就属于综合音乐，成立于 2015 年的阿里音乐，虾米音乐和天天动听是其内部的两款流媒体播放器。其中天天动听在 2016 年 5 月升级为阿里星球，阿里星球于 2016 年 12 月 11 日全面停止了音乐服务，并称今后将成为阿里音乐旗下粉丝明星娱乐交互平台，而音乐服务将主要通过虾米音乐实现。至此，阿里音乐具备了更明确的功能区分，将在各自的领域发挥作用。

就互联网直播行业而言，根据文化部发布的数据，2016 年上半年规模就达到了 82.6 亿元。在 A 股市场，目前拥有直播平台的上市公司有：巴士在线（LIVE 直播）、乐视网（章鱼 TV）、暴风科技（暴风秀场）、宋城演艺（六间房）、昆仑万维（参股映客）、奥飞娱乐（参股斗鱼）、浙报传媒（参股战旗）、游久游戏（参股龙珠）等。随着基础网络设施的健全和飞速发展，未来的媒介传播形态将是"无直播不传播"，直播将会成为企业新媒体传播的标配。2016 年，直播线下活动数量达 1000 万场，预计到 2020 年，线上市场规模将达到3000亿元。然而高昂的内容支出、运营成本以及高额的推广费用也给直播行业的发展带来了挑战。比如欢聚时代2016年Q2营收成本为人民币12.083亿元，比2015年同期增长了5%，这一增长主要是由成本带来的。直播的发展需要打破"营收容易赢利难"的发展困局，才能发挥出直播真正的价值。

经历打基础、吸用户到进入产业链并拥有越来越多的话语权，互联网视频行业的蛋糕越做越大，成为整个文化产业发展的急先锋。

（二）互联网生态构建文化产业发展新模式

乐视是互联网生态经济的创建者。互联网生态经济的核心在于垂直闭环的文化生态链以及横向开放的文化生态圈。通过不断践行互联网生态理念，乐视打造了互联网文化产业发展的全新模式——互联网生态文化。

1. "平台+内容+终端+应用"的文化生态链

乐视的文化生态链指的是以用户极致体验为核心，通过"平台+内容+终端+应用"垂直整合，打破产业边界、组织边界、创新边界，各环节间协同化反，不断创造全新元素、提供与众不同的文化消费体验。这条文化生态链充分体现了跨界融合的能量，将平台、硬件、软件、应用与内容结合起来，让文化产业进化为文化生态，焕发出新的活力。

其中，平台涵盖了云计算、大数据、方舟系统、汽车电商、生态电商以及LePar等。乐视的云平台是乐视文化产业传播的支撑。乐视云目前自建有750个CDN节点，30T带宽的云服务。乐视的内容能够通过智能终端以及乐视网向用户传送，同时完成商品的销售，实现产品售卖与内容传播的化反效应。除此以外，乐视的生态大数据平台通过文化产业与技术的融合，为用户提供精准、优质的文化内容。

而内容则包括乐视影业、乐视自制、版权采购运营、乐视音乐、乐视体育、花儿影业等。在内容布局上，乐视以用户价值为核心和第一优先。对于不同年龄、不同行业、不同喜好的用户进行分众化运营和服务。如创造了中国亲子动画电影票房纪录的《熊出没》系列，就将观众定位在了5~10岁的儿童及家长上。《小时代》系列电影聚焦于 15～25 岁的青少年，创下了中国 IP 改变系列电影票房纪录，聚得系列票房 18 亿元的好成绩。《高跟鞋先生》作为小镇青年喜爱的奇葩轻喜剧，也获得了 1 亿元票房。除了定位亲子观众和青少年的节目，乐视还着眼于白领阶层受众，推出的《九层妖塔》和《盗墓笔记》等影片同样得到认可和追捧。

除对用户的分众化运营之外，乐视视频还提出了一个全新的剧集分类——台网剧。"台网剧"是指乐视视频出品自制并输出卫视的大剧，多为阵容强大且强势独播的重磅内容。如在 2017 年初热播的《孤芳不自赏》《漂亮的李慧珍》等都是乐视视频自制且与卫视同步直播的大剧。值得关注的是，乐视自制综艺《女神的选择》《单身战争》也都将反输至卫视。"台网剧"的模式颠覆了一贯台网合作的模式，完成了幕后到台前的台网互动，从仅仅发挥平台作用，到引入综艺节目、影视剧节目版权的模式，实现了网络到电视台的直通车模式。"台网剧"这种与以往不同的运营模式，给已是红海的版权运营领域带来新的借鉴，也为互联网文化产业示范了新的运营模式。

乐视终端囊括了乐视手机、电视、汽车、盒子以及周边产品。如今，乐视超级电视上市三年累计销售突破 1000 万台，乐视超级手机突破 2000 万台。随着超级电视、超级手机等终端产品的热卖，乐视在内容产业的布局全面完成。每售出一台乐视的终端产品，乐视就会收获一个文化内容消费用户。用户对乐视的内容认可之后，也会对乐视的终端产品产生依赖，进而继续购买终端产品。智能终端与文化内容相辅相成、相互作用、相互影响，共同打造一条闭环的文化生态链。

应用有乐见、SARRS、飞视浏览器、乐途 FM、乐影客、LeStore、乐看搜索等。比如，乐见就是乐视手机推出的特色桌面，运用乐视的视频大数据分析能力为每个用户建立专属的模型。用户的每一次操作都将被汇总到用户喜好和碎片行为专属数据库，乐见据此对用户的喜好进行智能推荐。乐见创造性地将"人找视频"变成了"视频找人"的智能模式。各种技术的应用使文化产业传播更贴合用户的需要，也为创造出符合大众需求、高质量的文化产品提供了指引。

2. 乐视生态与社会资源"化反"文化生态圈

为推动文化生态的发展，乐视生态"平台+内容+硬件+应用"每一个环节都向社会充分开放全部资源，同时又从业务、用户、资本多层次引入与文化生态强相关、强化反的社会资源，构成了乐视本身的互联网及云、内容、电视、手机、汽车、体育、金融7大子生态与社会资源产生化学反应（简称"化反"）的互联网文化生态格局。

乐视的内容生态十分强大。乐视的版权运营、自制剧模式及花儿影视在业内都有很大影响力，并且不断吸引行业顶尖人士参与到其中。如乐视的长期签约导演张艺谋、徐克、陆川、郭敬明等都是行业代表性人士。乐视的互联网文化生态能够包容不同风格的导演发挥所长，创作出更好的文化产品。因为看好乐视的文化生态，这些加盟乐视的导演、一线明星们最后很多都成为乐视的合伙人，一起推动文化生态的发展，共享文化生态效益。

在内容生态运作层面，乐视不仅拥有最大的正版版权资源库，还不断引进新鲜血液，创造属于自己的IP资源。随着版权购买费用逐年攀高，乐视意识到视频网站自制成为大势所趋。在乐视视频2017年综艺和大剧片单中，"出品+自制"内容占比超过70%。而2017年乐视视频将继续把超过70%的预算投入自制内容当中，网罗一线制作团队，夯实自制能力，并大面积反向输出，再造类似《太子妃升职记》和《芈月传》的爆款和剧王。

乐视的电视、手机及汽车的快速发展，也给乐视的文化生态提供了源源不断的入口和支撑。乐视电视和手机的销售量共达3000万台，为文化内容的传播和壮大搭建起广阔平台。而乐视的超级汽车及互联网智能交通生态系统，又将文化生态与汽车生态融为一体，为文化生态创造出新的空间。

乐视的体育生态更是文化生态的重要组成部分。乐视体育如今已是全球最大的互联网体育产业公司，成为全球最多的赛事版权直播平台。它的飞速发展将给文化生态注入强劲动力。

乐视的互联网及云生态致力创建和共享围绕生活、商业、社会的全球云生态，打造垂直整合的生态服务模式，重构产业链价值，为优质文化内容的传播和发展奠定了扎实的技术基础。

（三）"造船出海"抢占全球制高点

由于技术条件等方面的影响和限制，中华传统文化产业走出去的道路并不平坦。随着互联网企业的发展壮大和互联网文化产业的快速增长，创造了中国文化产业"造船出海"模式，并向全球文化市场制高点发起冲击。

1. 输出中国文化

近年来，乐视针对亚太、印度、美国、俄罗斯等重要海外市场大力销售智能终端，借助这些搭载了《甄嬛传》《芈月传》《第三极》等海量文化内容的电视盒子、电视等硬件产品，将中国优秀文化落地海外华人及西方家庭的客厅，成为在海外传播中国文化的重要载体，创造了文化传播的"造船出海"模式，取得明显成效。通过云计算平台和智能终端产品的深度融合，乐视生态助力中国文化增强了走出去的主动权。

2. 在全球文化制高点搭建内容聚合分发平台

借助互联网无疆界、低成本、受众广的技术优势，乐视通过云计算技术创新在港澳台地区、北美、欧洲、亚洲、非洲甚至南极洲设立网络节点750个，出口带宽达30T，覆盖60多个国家和地区，建成了超越美国亚马逊、规模全球领先的云视频开放平台。这个平台利用云计算技术突破了中国文化国际传播的政治阻碍和技术瓶颈，完全达到海外用户观看中国高清视频节目的技术要求，将中国文化瞬时无障碍传输到全球各地，成为中国文化输出的坚实技术保障，大幅提升了中国文化的海外落地能力。

特别是去年乐视生态在美国全面落地，乐视"内容超级市场"在美国已经落成。Netflix、Google、Hulu、SHOWTIME、SLINGTV等美国一流内容商的入驻，彻底改变了优质内容分散在不同视频网站APP中的状况。用户可在这个内容超市实现用户"体验"和"选购"内容产品。乐视将着力在美国建立起面向全球内容商的内容开放大平台，并通过乐视智能手机、智能电视、VR设备、智能自行车以及电动汽车等生态产品集群持续发力把这一大平台做大做强，在全球内容市场制高点插上一家中国互联网生态企业的旗帜。

三 互联网文化产业创新成效

在经历近年来的曲折和探索后，我国互联网文化产业创新取得令人惊喜的成就，总体呈现欣欣向荣的景象。

（一）文化产业发展步入良性循环

在互联网技术的作用下，文化产业开始呈现出这样一些特征：文化产业的传播载体向着智能移动终端转变，扩大了覆盖范围；文化产业与技术深入融合，增加了文化产业在日常生活中的渗透率；随着个人从文化产业受众向主体的转变，文化产业的传播进入了良性循环。

1. 覆盖面广

不同于传统文化产业通过纸媒或者电视台等固定化的传播模式，互联网时代移动智能终端的普及，使内容的传播范围极速扩大。据中国互联网络信息中心（CNNIC）发布的第 39 次《中国互联网络发展状况统计报告》显示，截至 2016 年 12 月，中国网民规模达 7.31 亿，而其中的手机网民规模达 6.95 亿。网民中使用手机上网人群占比由 2015 年的 90.1% 提升至 95.1%。台式电脑、笔记本电脑的使用率出现下降，手机不断挤占其他个人上网设备的使用。

2. 渗透性强

借助互联网传播的文化产品与大众生活无缝连接，具有极强的渗透性。文化的传播可以发生在我们上下班的路途中，可以发生在我们的休闲娱乐中，甚至会发生在我们与他人的日常交往中。大众生活中的每一个人都可以是文化传播的主体，互联网和技术的发展使文化的传播发生在我们生活的方方面面。正如乐视互联网文化产业生态所倡导的"软硬化反"，通过搭载海量内容的智能硬件产品如手机、电视、汽车等，形成对文化产业价值的放大和裂变。

3. 用户反推

在人人都是内容创造者的互联网时代，用户是内容需求方，更是内容的提供方。这种身份的变化推动文化产业呈指数级增长。加上分众化运营的实现，用户的偏好和需求在文化传播中的作用越来越凸显。如乐视视频财经频道和纪录片频道针对高端用户群体，推出了专业的财经节目和美国历史频道专区；乐视音乐以用户价值为核心，坚持在音乐的垂直领域为不同的用户群体提供匹配的音乐内容，因此在摇滚、爵士、古典等不同的音乐领域进行大量直播，在分众的内容上获取了众多忠实用户，包含SNH48的多场剧场公演、爱爱摇滚帐篷音乐节、吴亦凡生日会等活动。对乐视视频来说，虽然娱乐类内容流量占比很高，但是单一维度上的标签，仍不足以洞察用户的需求特征。为此，乐视在动漫、财经、科技、教育、宠物等垂直频道进行内容覆盖，进一步扩展了应用场景，让用户的线上行为更具立体化和层次感，更便于分众化的运营。

（二）互联网文化生态蔚然成型

互联网文化生态作为互联网文化产业发展的代表性力量，独特的生态模式蕴藏着巨大的潜力，历经数年发展展现出了巨大的商业价值。

1. 会员突破5400万人

从2010年之前的"广积粮"买版权，2011年的"拼眼光"挑剧目，2012年的"攒人气"树品牌，到2013年的大剧营销战略、多屏运营，再到2014年的热门版权全覆盖策略，生态运营，乐视在用户体验和内容经营上持续领先。2015年自制发力，S级大剧霸屏，互联网影视屡创票房佳绩，付费会员快速增长。如今乐视会员已突破5400万人。

在这5400多万人力量的推动下，乐视视频人均单页有效浏览时间、月度访问天数、日均有效浏览时间、月度总有效浏览时间等核心数据长期处于行业第一阵营。更值得关注的是，这个5400万人的群体都是高价值的用户。一是年轻，消费需求大。相关数据显示，乐视电视94%的用户年龄集中在20~45岁，两口以上家庭占86%。二是收入较高，消费能力强。50%的用户拥有自驾车，89%的用户拥有自有房。三是黏性强，活跃度高。乐视电视日均开机率超过60%，周均点播时长为16小时，位居行业第一。这个庞大的群体已经成为乐视文化生态的强大基座。

2. 内容带动硬件，硬件反哺内容

乐视生态电视已成为互联网智能电视第一品牌，市场保有量达 1000 多万台。而 2015 年才发布的乐视生态手机，用一年的时间就完成 1000 万台的销量，成为成长最快的新晋手机品牌。截至目前，乐视手机总销量超 2000 万台。

3. 乐视体育成为行业第一

乐视体育经过 A 轮融资后，估值为 8 亿元人民币，B 轮融资后，估值为 215 亿元。乐视体育拥有全球超过 310 项赛事版权，其中 72% 是独家赛事，项目横跨足球、篮球、网球、赛车、高尔夫、电竞、自行车、极限、搏击、跑步等 22 个大项。

2016 年乐视体育还推出了付费会员，吸引用户付费观看优质体育资源。尽管目前市场上对于付费观看体育赛事的消费习惯仍未养成，但是由于乐视体育的高尔夫、自行车等小众运动频道已经具备了相当的影响力。依托这些海量的赛事版权，乐视体育在 2016 年 4 月推出了乐视超级体育会员的付费业务，首日便取得了 3.3 亿元的销售额，到 7 月份时付费会员已经超过 150 万人。根据 2016 年 11 月公布的数据，其付费会员业务人数已经超过了 300 万。而乐视体育在 2016 年上半年取得超过 10 亿元的营收中，有一半来自超级体育会员。

2016 年 12 月，乐视体育公开了体育生态的 2.0 版本，将业务线缩减为三个，即"新媒体及线上事业群""线下商业事业群""体育消费业务事业群"。这个生态版本更加贴合体育内容产业发展的趋势，也将会在整个生态系统中发挥出巨大的能量。

（三）G2 战略创造"文化力"

推动中国文化走出去，是实现中华民族伟大复兴的重要战略。通过文化与互联网、科技的融合创新，乐视互联网生态创造了互联网时代影响和改变人类社会的精神生产力——"文化力"。

1. 创造中国文化生产力

过去中国文化走出去面临没有海外落地管道和平台的困扰，很难形成有效传播和渗透，文化力薄弱。乐视一方面通过全球云平台和智能终端产品"软硬结合"将中国优秀文化输出海外，另一方面通过实施中美合作 G2（Great 2）战略抢占全球文化主阵地，比翼双飞，找到了增强和提升中国文化力的全新路径。

2. 推出中国文化元素与西方文化表达方式相结合的 13 个重点项目

乐视还在美国本土进行文化产业全球化布局，推出了 13 个中国文化元素与西方文化表述相结合的重点项目，将中国这一全球最大的文化市场与好莱坞这一全球电影制作中心连接在一起。乐视也由此成为首个在美国自主推出重量级中国文化产品的中国企业。乐视互联网生态经济在全球文化市场制高点进行的探索和积累，进一步夯实了中国文化力辐射全球的路径，也将进一步推动中国文化与世界文明的融合与发展。

3. 整合中国、印度、韩国等全球内容资源推进自制内容

在自制内容上，乐视将整合中国、印度、韩国等全球内容资源。如张艺谋导演的《长城》，就是乐视整合全球资源完成的，并已面向全球市场发行，取得了良好的表现。截至 2017 年 2 月 8 日，《长城》已登陆欧洲、美洲、非洲的 33 个国家和地区，并且还将陆续向其他国家和地区继续发行。目前取得了 2.7 亿美金的票房成绩，破中国导演电影北美首周末票房纪录，破中美合拍片全球最高票房纪录。对很多海外影迷来说，这是他们第一次在当地主流院线看到中国电影。《长城》不仅在海外发行规模上取得了突破，在绝大部分上映地区都取得了惊人的票房表现。除了在香港、台湾等地区稳登首周末票房榜，还在许多语言、文化、观影习惯完全不同的国家诸如马来西亚、新加坡、印度尼西亚、菲律宾、泰国、土耳其等多国取得首周末票房冠军。更值得一提的是，在一些本土文化鲜明的地区比如印度、德国等地，《长城》也都成功跻身票房前列。2017 年 2 月 7 日在北美、澳洲以及俄罗斯等地上映之后，《长城》的上映足迹将实现世界五大洲的全覆盖，成为"中国人自己的全球大片"，足以成为中国电影产业的一座里程碑，使中国文化更自信地走向世界。

四 互联网文化产业政策建议

随着文化产业与科技、互联网的融合逐步加深，各项创新举措的相继落地，互联网文化产业在取得巨大发展的同时，也面临许多挑战和困难，急需国家相关政策的支持。

（一）政策松绑

互联网文化产业与传统文化产业相比，覆盖面更广，创新性更强。新形态的出现和环境的不断变化，都对互联网文化产业政策提出了新的需求。一是及时转变管理思维。互联网文化产业涉及传统文化产业和互联网的跨界融合发展，它的很多创新之处甚至超越了传统文化产业范畴，超越了现行政策框架。为此，在政策指引上应当转变管理思维，变堵为疏，在承认、保障新兴商业模式的基础之上，以现有政策体系为基础进行管理创新。二是允许试错，包容试错。互联网文化产业的发展方向符合时代规律和我国经济发展阶段性特征，应以包容心态、宽松政策引导互联网文化产业良性成长。对相对滞后、不适应互联网文化产业需要的现行相关法律法规进行松绑，打破原有政策壁垒和门槛，放松管制，鼓励大胆创新，允许试错纠错，给予互联网文化产业更宽广的发展空间。

（二）政策创新

互联网文化产业涉及互联网、科技和文化三大领域，国家对这三大领域的发展分别都有相关详尽政策。但这三大领域分属不同部门管理，对推进大范围跨领域融合创新的顶层设计仍然比较缺失，对跨领域创新的互联网文化产业关注、引导和支持不够。应尽快组织国研室、国家发改委、工信部、科技部、文化部等跨部门力量，对这种从经济实践中脱颖而出的新经济进行深入研究，对相关政策需求进行梳理，推出激励跨领域创新的组合政策，助力互联网生态经济的发展。同时加大对IP的保护力度。影视剧、游戏、音乐等文化产品在国民经济和百姓生活中占据着越来越重要的地位。版权价格也水涨船高，影视剧的版权费用从几年前的几十万元涨到如今动辄几千万元的价格，这彰显出知识产权的重要价值。但在国家大力倡导保护知识产权的今天，仍有许多盗版侵权行为存在，相关法律规定也不能满足知识产权保护的现实需要。相关主管单位应着眼于知识产权保护的新态势和新需求，切合实际进行政策创新，最大限度地保护权利人合法权益。

（三）多重支持

除了政策松绑和政策创新外，互联网文化产业创新还需要以下方面的支持和推动：一是资金支持。2016年度中央财政文化产业发展专项资金管理较往年发生较大变化，专项资金实施方式确定为"基金化＋重大项目"的模式。建议在确定重大项目时把互联网企业作为重要考量，推动政府与社会资本合作项目，引导和鼓励社会力量、社会资本投入文化领域，拓宽文化领域建设资金来源，把政府的政策导向和民间资本的管理运营优势结合，提高文化产品和服务的供给质量，满足人民群众多样化的文化需求。二是信用背书。互联网企业在大力推进文化产业发展的过程中，经常需要社会融资。但互联网的轻资产特性无法满足银行的新增固定资产抵押或者股票质押条件，时常遇到融资瓶颈。建议相关部门应对互联网企业的产品、技术和创新模式进行科学评估，为企业发展提供多层级的信用背书，保护和提高互联网企业发展文化产业的积极性。三是推进混改。鼓励大型国有文化传播企业与乐视等互联网企业合作，借助互联网企业的强大云计算技术和辐射全球的互联网文化聚合分发平台，推进传统媒体与新媒体的融合发展，通过混合所有制等形式打造类似美国新闻集团的中国国际文化传播旗舰。

通信服务领域：运营商直面治理难题

李乃青*

中国信息通信研究院

因为其比较复杂的社会成因，垃圾短信、通信信息诈骗近年来逐渐引发社会的广泛关注。工信部等行政管理部门坚持以落实基础电信运营商责任为抓手，以加强传播途径管控为重点，取得了一定的治理成效。当前，运营商治理工作逐步进入"深水区"，仅仅依靠一己之力难啃"硬骨头"。需协同治理，精准施策，健全长效机制。

一 背景：运营商话音经营时代的终结

随着互联网时代的到来，运营商话音用户价值逐渐萎缩弱化，计费方式、费用结构和费用额度高低出现了革命性变化，话音经营时代已经结束，运营商商业模式变化，传统电信业务资费不断下调，犯罪分子瞄准可乘之机侵害用户权益。

（一）移动互联网冲击、替代和分流传统电信业务

近年来，随着移动互联网的快速发展，基于互联网的各类 OTT 业务发展迅速，用户流量持续增长。据工信部统计数据，2016 年我国月户均移动互联网接入流量为 772M，同比增长 98.3%。

热门 OTT 业务迅猛发展，渗透率广且用户黏性大。以微信为例，微信从 2011 年推出仅用 4 年时间就发展成为国内第一、全球第二的移动即时通信平台。2016 年微信日登录用户达 7.7 亿，同比增长 35%，其中一半用户每天使用时长超过 90 分钟。腾讯最新财报显示，2016 年第三季度微信月活跃用户数

---

* 李乃青，中国信息通信研究院政策所监管研究部主任。

达到 8.46 亿，比 2015 年同期增长 30%。

YY、陌陌等网络直播类业务高速发展。据 CNNIC 最新报告，2016 年，网络直播用户数量达到 3.44 亿，占国内网民总体数量的 47.1%，比 2016 年 6 月增长了 1932 万。据不完全统计，目前国内网络直播平台服务数量已超过 500 家，且数量仍在不断增长，行业整体规模超过 500 亿元。以 YY 为例，2015 年其网络直播业务收入平均每季度增长 63%，而陌陌 2016 年第三季度直播业务收入是 2015 年同期营收的 512 倍。

受移动互联网快速发展的影响，APP 等业务加速对基础电信企业冲击。一方面，对基础电信企业的用户不断渗透；2016 年，微信活跃用户对移动电话用户的渗透率超过 50%，阿里钉钉以其企业用户优势，逐步抢占基础电信企业的企业客户，截至 2016 年 3 月底，钉钉的企业客户已超过 150 万家。另一方面，APP 等业务迅速冲击、替代传统话音和短信业务。2015 年，全国移动电话日均通话量为 6.6 亿分钟，而微信的日通话量就达 2.8 亿分钟，接近移动电话日均通话量的 50%。

传统话音、短信业务持续下滑，用户规模触顶，增长乏力。2011 年以来，我国月户均移动电话通话量和短信发送量连续 5 年持续下滑。移动短信发送量持续降低，2014 年移动话音收入增速由正转负；2015 年，移动话音和短信收入分别同比降低 14.3 个和 10.4 个百分点。用户增长触顶，进一步增长困难。新增移动电话用户由 2011 年的 1.3 亿户快速下滑至 2016 年的 5054 万户，总数达 13.2 亿户。2016 年移动电话人口普及率达 96.2 部/百人，比 2015 年提高 3.7 部/百人，继续提升空间有限。固定电话用户不断减少，2016 年固定电话用户总数为 2.07 亿户，比 2015 年减少 2437 万户。

（二）电信业务资费下调在惠民的同时带来监管难题

传统电信业务资费水平不断下降，降低了通信信息诈骗、垃圾短信和骚扰电话的犯罪成本。中国信息通信研究院监测数据显示，我国移动话音业务综合平均单价持续下降，从 2009 年的 0.11 元/分钟降低至 2016 年上半年的 0.05 元/分钟，年均降幅高达 10%。此外，我国移动国内漫游、国内长途等资费水平也不断下降。移动国内漫游平均通话费从 2009 年的 0.33 元/分钟下降至 2016 年上半年的 0.08 元/分钟，年均降幅达 19%。移动国内长途平均通话费从 2009 年的 0.23 元/分钟下降至 2016 年上半年的 0.14 元/分钟，年均降幅达 6.54%。资费水平的大幅下降，降低了骚扰电话、垃圾短信的违法成本，使这些违法行为屡禁不止。

移动互联网及其应用快速发展，不法分子瞄准疏漏实施违法行为。用户使用移动互联网应用留存了大量用户个人信息，违法分子瞄准了一些应用程序的疏漏，通过不法渠道实现"精准诈骗"。

二　现象：用户通信安全问题成运营商治理难题

近年来，垃圾短信和骚扰电话的泛滥严重干扰了用户正常通信活动，通信信息诈骗违法犯罪活动频频威胁人民生命财产安全，不良与垃圾信息问题屡屡成为社会关注的热点。在国家的高度重视下，不良与垃圾信息治理已成为关系民生的重大政治任务，也成为摆在运营商面前的难题。

（一）通信信息诈骗危害社会

近 10 年来，我国通信信息诈骗案件每年以超过 20% 的速度快速增长，2016 年前 7 个月全国公安机关共立通信信息诈骗案件 35.5 万起，同比上升 36.4%，共造成经济损失 114.2 亿元。通信信息诈骗对民众、政府、社会造成了巨大损害，已经成为当今社会的公害。

一是危害生命财产安全。通信信息诈骗动辄就是几百万元、上千万元，诈骗金额触目惊心，2016 年上半年，平均全国每天因通信信息诈骗造成的直接经济损失超过 5000 万元，诈骗受害人单日被骗最高的是 1.17 亿元人民币。2013 年至 2016 年底，全国共发生被骗千万元以上通信信息诈骗案件 94 起，百万元以上案件 2085 起。除了财物损失之外，更是发生多起诈骗导致受害人死亡的事件。2016 年 8 月，徐玉玉等多名大学新生因遭受通信信息诈骗突发疾病和自杀，社会影响极其恶劣。

二是损害政府公信力。政府公信力建立在人民对政府的信任上，然而通信信息诈骗极大地损害了这种信任关系。一是电信诈骗破坏了政府部门在人民心中的形象。许多通信信息诈骗活动利用民众对政府的信任，假冒政府工作人员实施诈骗。在徐玉玉案件中，诈骗者就是通过冒充学校教育系统工作人员，以申请奖学金的名义诱使受害人转账。通信信息诈骗泛滥使民众对来自政府部门的电话极为警惕，甚至出现"提到公检法的电话一律挂掉"等情况，严重影响了司法、公安等部门的正常工作。二是引起大量民众对政府部门的不满，通信信息诈骗行为泛滥很有可能使民众误以为政府部门不关心民生或者工作效率低下，进一步引发了民众对政府部门失望情绪，不利于社会的长治久安。三是破坏社会诚信根基。通信信息诈骗是典型的不诚信行为，与我国社会文化背道而驰。然而，在地域性大规模参与通信信息诈骗的地区，诚信已经不再是许多人的行为准则。在2016年打击通信信息诈骗专项行动中，广东、广西、江西、福建等地多个地区因为地域性诈骗被列为重点打击目标。以江西石溪村为例，涉嫌从事诈骗活动的家庭比例高达50%，部分村民甚至将诈骗看作一种普通的职业，社会诚信文化已不复存在。

（二）垃圾短信干扰正常通信

2016年第二季度，12321网络不良与垃圾信息举报受理中心受理的垃圾短信举报量同比上升了9.6%，环比上升21%。垃圾短信严重干扰了人们的正常生活和通信，也给社会秩序带来巨大威胁。

一是干扰正常通信。垃圾短信往往通过大量群发的方式传播，一方面，会占用网络带宽，造成网络拥塞，严重影响网络性能；同时，运营商、用户需要耗费计算性能等资源对其进行处理、过滤。另一方面，大量垃圾短信与用户正常信息混杂在一起，增加了用户筛选信息的负担，极易造成用户忽略有效信息。

二是侵犯用户合法权益。垃圾短信涉及多项侵犯用户权利的行为，其一，大量垃圾短信存在类似于回复订阅业务等吸费陷阱，给用户带来不少经济损失。其二，垃圾短信大范围群发，通过强迫的方式向用户推送信息，损害了用户的选择权。其三，垃圾短信对用户造成精神上的骚扰，侵犯个人享有的休息以及个人生活不受他人非法干涉和骚扰的安宁权。

三是破坏正常社会秩序。垃圾短信通常不受监管，造成大量非法信息的传播。其一，垃圾短信成为赌博、色情等黑色产业的广告渠道。赌博、色情等违法信息难以通过正常广告去得到传播，而通过避开关键词、隐晦表达等多种方式，涉及赌博、色情等信息的广告能够顺利传播。其二，垃圾短信往往是非法言论传播的载体。一些不法分子利用垃圾短信煽动民族仇恨、民族歧视，宣扬邪教和封建迷信思想破坏国家形象，影响国家的安定团结。

（三）骚扰电话侵害用户权益

骚扰电话包括响一声骚扰、诈骗电话、广告推销、房产中介、保险理财及其他。统计显示，IOS 骚扰电话响一声比例高达 71.82%。与垃圾短信一样，骚扰电话会对用户权益和社会秩序造成巨大破坏。

一是干扰正常通信。骚扰电话会挤占用户时间和通信资源，导致用户无法正常进行通信。同时，骚扰电话泛滥导致用户在面对未知电话时不敢轻易接听和回拨，极大地增加了用户之间的交流成本。"响一声"等骚扰电话短时间内拨打大量电话，也对运营商的频率资源造成极大负担。

二是侵犯用户合法权益。骚扰电话从经济、精神上对用户权益造成损害。一类是经济损失，"响一声"等诱使用户回拨的骚扰电话往往是付费电话，回拨后给用户造成经济损失。另一类是精神损失，与垃圾短信类似，骚扰电话未经用户同意，干扰了用户的休息和生活，侵犯用户安宁权和选择权。此外，部分不法分子通过骚扰电话散布人身攻击和谣言，对用户的工作、生活造成极大的困扰。

三是破坏正常社会秩序。话音的监管、过滤难度远大于文本，因此通过拨打用户电话然后播放录音的方式，能够向用户传播赌博、色情等违法广告和煽动性、仇视性言论，极大地危害了国家安全。同时，电话与短信不同，用户难以做到置之不理，因此类似"呼死你"等骚扰电话能够对用户造成持续性骚扰，成为报复、勒索的一种途径，与黑社会等违法犯罪行为密切相关。

三 原因：信息技术驱动下社会转型的必然

当前，随着信息通信业发展进入泛在普及、深度融合、变革创新、引领转型的新阶段，信息通信环境不断优化，移动互联网、大数据、云计算、物联网等新兴信息技术带动互联网与生产生活、社会服务和管理等方面的融合渗透不断加深，以"互联网＋"为代表的新技术、新产品、新模式快速涌现，共同促使整个社会向信息社会转型。但与此同时，信息通信技术的发展也带来了新的监管问题和挑战。信息社会和数字经济发展的趋势已不可阻挡，我们应正视当前在社会治理方面存在的各类问题，充分发挥运营商在社会治理中的积极作用。

（一）监管手段与信息化发展速度不匹配

在信息社会发展转型趋势下，随着经济、文化、社会的方方面面对信息通信网络的依赖都不断加强，信息通信网络环境中存在的垃圾短信、通信信息诈骗、骚扰电话、用户个人信息盗卖等恶性行为带来的危害也越来越大。但目前对这些恶性行为的监管还难以与信息化发展的水平相匹配。

一是针对各类恶性事件的事前、事中监测机制不足、事后查处效果有限。目前来看，主动发现、进行源头治理的机制不健全。当前监管部门主要依靠用户报案等方式进行被动查处，往往导致涉案资金的追回、相关犯罪分子的追捕难度都较大，造成的损害难以挽回。另外，各类恶性行为在全国范围内广泛发生，跨地区、跨境实施侵权和犯罪行为的比例较大，系统性查处的难度较大。

二是监管机制和技术基础都难以应对快速演变的新型通信安全威胁。例如，部分电信运营商存在无法对语音专线业务对主叫号码进行有效核验，难以监测发现和拦截通过非法 VoIP 电话实现的来电显示号码改号行为、通过伪基站发送短信并随意设置虚假发送号码的行为，没有及时终止和阻断不法信息的传播，等等。

三是诚信体系的建设尚未形成，难以为信息社会的运行提供足够的支撑。诚信体系不完善是我国出现大量侵害用户权益等违法犯罪行为的重要原因。然而，目前我国社会信用体系整体还处于起步阶段，整体信用环境较差，政府、行业、社会都尚未真正建立起完善的诚信评价机制，对反复实施通信信息诈骗、发送垃圾短信和拨打骚扰电话的组织和个体缺乏全面、及时的记录和黑名单管理。

（二）运营商及相关企业的治理机制不完善

随着互联网逐渐成为信息通信业的发展核心，行业格局发生了更大的变化，信息通信网络、终端、接入和云服务等共同构成了底层基础环境，为信息平台、交易平台、营销平台等新型平台的发展以及平台上的电商、内容生产者等个体提供了支撑。运营商作为信息通信的管道，承载的信息呈现爆发式增长，其应当承担相应的主体责任，严格落实手机实名制，确保主叫号码正确真实传送，应规范管理通信线路资源和号码资源，及时终止和阻断不法信息的传播。目前，电信运营商尚未完全履行起应尽的社会责任，防范打击通信信息诈骗工作开展中面临的环境依然较为严峻。

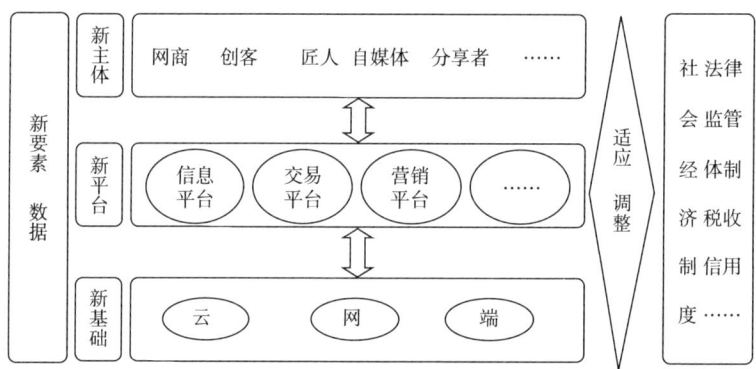

图 1　互联网行业治理格局示意

首先，电信运营商多次因未履行社会责任受到质疑。2016 年 8 月，18 岁的山东女孩徐玉玉因被诈骗电话骗走学费引发心脏病而不幸离世。该事件引发了全社会对通信信息诈骗等犯罪行为的声讨，同时，电信运营商在打击通信信息诈骗中应当承担怎样的责任也受到各界热议。

其次，在手机实名登记等工作中，部分运营商对于自身责任义务还存在承担不足的问题。特别是一些虚拟运营商在业务压力下，存在重发展用户、轻实名登记的思想，放松了手机实名制的落实要求，甚至纵容营销渠道忽略用户身份登记或故意登记虚假的身份信息等。

最后，电信运营商在发挥行业自律和引入社会监督等方面也还存在不足。例如，对犯罪分子的监测数据可能广泛存在于基础电信企业、互联网企业、各手机安全软件企业、手机终端厂商等各类信息通信企业中，目前这些企业之间尚未建立完善骚扰信息、虚假号码的共享机制，难以利用大数据、云计算等技术提升垃圾短信和骚扰电话预防和处置能力，缺乏对虚假号码、骚扰电话的提示，无法帮助用户特别是防范意识和防范能力较差的用户进行有效分辨和防范。

四　举措：加强内部管理，加大治理力度

近年来，运营商集团公司、各省公司在工信部、当地省委和省政府与省通信管理局的统一部署下，加强内部管理，创新工作举措，以开展"垃圾短信治理""防范打击通信信息诈骗"等工作为抓手，不断加大打击治理力度，坚决遏制电信网络新型犯罪蔓延势头。

（一）强化组织领导和督促检查

一是统一部署，分解任务。以开展垃圾短信治理、防范打击通信信息诈骗等专项工作为抓手，成立相关领导小组和专项办，进行部署要求，分解细化任务，不断加大打击和治理力度。

二是加强考核，落实责任。将工作落实情况纳入年度绩效考核体系。中国电信在垃圾短信治理中，明确考核内容和权重，考核不达标进行绩效考核扣分。中国移动公司在防范打击通信信息诈骗工作中，将通信信息诈骗防范工作纳入政企综合能力考评体系，并切实追责问责。

三是督促跟进，开展检查。开展防范打击通信信息诈骗等专项工作，组织省内自查、省间互查、重点地区检查等多层面、多方位的监督检查，并对检查中发现的问题进行分析和整改。

（二）提升技术管理和防控水平

一是加强不良呼叫和信息封堵拦截。借助国际虚假主叫监控拦截系统、

网间和网内虚假主叫拦截系统，根据呼叫频次、呼叫行为等特征监控能力，对骚扰诈骗电话和语音群呼号码进行拦截。研发垃圾短信大数据识别系统，对疑似垃圾短信进行自动化判定，识别准确率达 99.5%。

二是完善重点业务系统功能。建立语音专线业务管理系统功能，对语音专线、移动"400"等重点电信业务的开办信息进行登记、报备、审核、复查。加强语音专线主叫鉴权工作，严格设置主叫白名单。

三是推广实时的用户提醒。加大客户提示服务推广力度，推广防骚扰、防诈骗安全通信服务，根据来电号码的类型进行实时免费的防诈骗提醒。

四是开发应用伪基站定位系统。开发应用伪基站实时定位系统进行现场跟踪定位，配合公安人员对犯罪嫌疑人进行抓捕。

五是落实实名制技术手段。大力推进社会渠道实名通告及售卡资格标识张贴，引入人脸识别技术，普及二代证设备和 NFC 手机铺设，配合实名制承诺责任书签订、"二问三核四禁"台卡印制等工作落实实名制要求。

（三）加强制度建设和机制完善

一是严格落实实名制。制定电话用户和行业卡基础信息登记规范，规范行业卡审批流程，从源头上保障新增客户 100% 实名登记。建立日常监测跟踪机制，安排专人拨测，对于疑似机卡分离的号卡进行跟踪管控。

二是巩固用户提醒机制。利用多种渠道，如公益短信、微信推送、微博等提醒公众防范信息通信诈骗。开通来电闪信功能，在来电的瞬间提示用户该号码已被标为骚扰电话或诈骗电话，除苹果手机外已大面积推广。

三是完善用户举报机制。在客户端中增加垃圾短信拦截和一键举报模块。整合 12321、10010 和互联网公司等多渠道举报数据，加大举报处置力度。

四是严格投诉溯源机制。中国电信根据举报到 12321 中心、电信 10000999 平台垃圾短信投诉进行反向溯源，查证后关停发送垃圾短信的违法号码。

五是与互联网企业建立信息共享机制。依托第三方信息安全共享联动平台，互联网公司（如 360 公司等）将发送垃圾短信的号码共享给运营商，实现与互联网企业的不良信息联动处置和封堵，实现闭环治理。

五 成效：综合治理初步取得阶段性成效

经过一段时间的治理，重点业务问题整改效果初步显现，通信信息诈骗违法犯罪案件数量显著下降，电信企业与互联网公司合作共同构建的电信网络安全生态正在形成。

（一）狠抓整改初显成效

各省通信管理局与基础电信企业联合发力，采取多种方式，对重点问题集中整改，并取得初步成效。

一是狠抓重点业务，完成语音专线和400存量业务清查整治工作。在2017年全国工业和信息化工作会议上，工信部表示，2016年，工信部防范和打击通信信息诈骗专项行动取得阶段性成效，关停违规语音专线2.3万条、"400"号码67.5万个，下架改号软件和产品1700余个。

二是落实"实名制"要求，全国实名率已达100%。2016年9月23日，工信部等6部门联合下发《关于防范和打击电信网络诈骗犯罪的通告》，要求电信企业（含移动转售企业）要严格落实电话用户真实身份信息登记制度，确保到2016年10月底前全部电话实名率达到96%，年底前达到100%。据工信部通报，2016年工信部共组织1.2亿电话用户进行实名补登记，年底已经100%实现电话用户的实名登记。与此同时，很多省份提前完成任务。如福建省基础电信企业迅速贯彻落实"实名制"，全省实名率已接近100%，超前完成任务，全省破案率、发案率和群众财产损失率呈现出"一升两降"的良好势头。如湖南省通信管理局督促企业采用电话催告、短信提醒等方式通知用户办理实名补登记手续，设置绿色通道方便用户补登记，指导企业对存量非实名用户分阶段分批次进行半停、全停，极大地加快了非实名用户补登记进度，截至2016年12月31日，湖南省电话用户实名率达100%，各基础电信企业营业网点100%配备身份识别和用户照片留存设备。如江苏省电信企业通过电话、短信等方式，截至2016年8月，累计通知2800万人次未实名用户办理真实身份信息补登记，截至2016年12月底，江苏已有530万用户成功办理补登记，电话用户实名率已达100%。如山东省通信管理局与省公安厅于2016年7月联合印发了17万份《关于电话用户真实身份信息登记的通告》，在全省所有营业场所、代理网点张贴，告知还没有实名登记的老用户及时补登记。到2016年10月底，全省共暂停153.5万个手机号码，暂停后补登记的有92万个，到2016年11月底，全省老用户补登记工作已全部完成。

三是多部门联动，通信信息诈骗违法犯罪案件数量显著下降。各省通信管理局加强跨部委协同，与公安部门采取多种方式，关停涉嫌诈骗的电话号码，严厉打击通信信息诈骗等违法行为。如湖南省通信管理局与公安、工商、中国人民银行长沙中心支行建立了通信信息诈骗涉案账户紧急止付和快速冻结机制。机制建立后可实现第一时间对通信信息诈骗涉案账户紧急止付、快速冻结和快速查询等功能，最大程度减少群众受通信信息诈骗的损失。自专项行动开展以来，湖南省通信行业取得了较好的治理成效，垃圾短信数量、非法网站链接等指标较之前有明显下降。截止到2016年5月27日，关停涉案号码电话黑卡16个，拦截诈骗电话964万个、短信3605万条，配合打击伪基站56起，关闭违规网站数670个，删除违规链接1408条，查处违规经营语音专线、"400"、"一号通"、"商务通"单位93起，393次。

四是依靠技术手段，整治骚扰电话见成效。针对骚扰电话的治理困局，省通信管理局将行业管理与技术手段相结合，坚持集中治理与长效治理相结合，多措并举、多管齐下，全力以赴向骚扰电话宣战。如安徽省通信管理局专门印发《关于加强骚扰电话治理工作的意见》。设立了"不良语音信息监测管理系统"，开发了"网间疑似骚扰电话监测协查平台"。对每周超频和疑似骚扰的网间通话进行监测，出具监测报告，并通过"平台"以工单的形式下发给各基础电信运营企业，限时对工单进行处置并反馈。经过长期努力，网间疑似骚扰电话的情况已有明显好转，2016年8月，"平台"累计下发工单35期，通报疑似骚扰电话号码1548个，涉及通话2582万次，各企业均及时处置并通过系统进行了反馈，累计关停号码948个，拦截153个，限呼109个，整改247个。同时，2016年3月，安徽省通信管理局对省内外呼号码进行分类并注明使用者和用途,开发了基于安卓系统的可供用户分类选择是否接听外呼电话的手机客户端APP"安徽防打扰",6月份开始进行评测,年底正式投入使用。

五是电信企业与互联网公司合作,共同构建电信网络安全生态圈。2015年7月,中国电信与腾讯公司联合推出手机安全防护与管理软件"天翼安全中心",针对支付账号、防吸费、防骚扰、防盗等手机安全问题进行重点防护,基于大数据分析平台及云拦截平台能力,对于可疑电话及短信进行有效提示,帮助用户远离骚扰电话。该手机应用注册用户已达22万户。2016年8月,中国联通与腾讯签署反诈骗战略合作协议,腾讯反电信网络诈骗联合实验室出品的"鹰眼智能反电话诈骗盒子"将在全国联通陆续上线。自腾讯与联通开展合作以来,诈骗发案比率大幅下降,为用户提供了更安全的保护。2015年深圳试点期间,累计向用户发送提醒短信超过30万条,通过电话提醒1.5万余次,成功劝阻用户5000余次,协助公安机关劝阻用户2000余次,直接挽回近5亿元人民币的损失。一年中,盒子把该运营商仿冒公检法类型诈骗案件金额降低了80%。

(二)治理环境依然严峻

通信监管机构在通信信息诈骗、垃圾短信和骚扰电话治理方面已取得阶段性成效,但是在法律制度、业务规范、技术手段和协同机制等方面还存在一些问题,具体如下。

在法律制度方面,监管部门封停用户号码,易引发用户投诉和法律纠纷。目前,我国尚未出台相关法规对骚扰电话进行明确定义,各企业对骚扰电话界定标准不统一,各省份治理要求和采取措施也各不相同。对于工信部通报的用户投诉举报的号码,各省通信管理局普遍采取先关停再解释的处置方式。这种方式易引发用户不满和投诉,善后工作较为棘手。

在业务规范方面,新业务(一卡双号等)的内部管理规范不健全,容易产生漏洞。同时,重点电信业务合同和备案不规范问题亟待整改完善,重点电信业务真实使用情况仍需加强摸查。

在技术手段方面，一些新技术新业务的资源管理、技术手段和细化要求未及时跟上，易被不法分子利用。一方面，企业防控体系建设落后，建设资金不到位。另一方面，在互联网快速发展的新形势下，监管机构的技术手段明显不足，远远不能满足日益增长的监管需要。总体来看，建设资金不足、建设周期长、技术人员缺乏，是影响技术手段建设的主要原因。

在协同机制方面，信息共享不畅、协同机制缺乏，削弱了打击力度。整治垃圾短信、骚扰电话、通信信息诈骗等问题，需要联合公安、工商、新闻、文化、电信等在内的多个管理部门和单位，在各自职责范围内通力合作，采取积极的措施进行综合性治理。但目前各部门之间的沟通不畅，协调难度大，影响监管效力。

六　建议：协同治理，精准施策，健全长效机制

通信领域通信信息诈骗、垃圾短信与骚扰电话等行为的治理，是一项复杂性、综合性的系统工程。政府、电信运营商等相关主体要处理好发展与规范、业务创新与信息安全、商业利益与社会责任的关系，积极主动作为，形成齐抓共管、多方联动的治理新格局，以严厉打击违法犯罪行为，切实保障公众权益。

（一）主管部门加强统筹部署，强化主体责任追究

首先，完善相关法律法规。细化各行业的信息保护制度与规则，加强对个人信息的保护，严厉打击窃取、泄露、买卖个人信息的违法行为。其次，加强跨部门、跨地区的统筹协调。建立健全部际联席会议制度，加强工信、公安、银监等监管部门的信息共享与快速联动，为治理工作提供强有力的体制机制保障。各部门应创新工作机制，建立诈骗电话通报阻断机制、银行账号紧急止付机制、跨境跨区域警务合作机制等，形成监管合力。最后，强化行业监管的责任追究。工信等监管部门应切实履行主体责任，建立与完善问责机制，对于责任落实不到位的，要依法进行责任追究。

（二）运营商整顿重点业务，开展与互联网企业合作

首先，加大重点业务的规范与整顿力度。电信运营商应严格落实电话用户实名制，同时，加大对重点电信业务的整顿与规范力度，尤其是语音专线、"400"、"一号通"、"商务总机"等诈骗高发领域，要集中力量重点整治。其次，创新治理的技术手段。随着互联网、大数据等信息技术的发展，违法犯罪行为的技术含量在不断提高，电信运营商也应积极发挥技术优势，不断提高对于通信信息诈骗等违法行为的应对能力。最后，加强与互联网企业合作。电信运营商应积极开展与互联网企业之间的数据共享，充分发挥互联网企业的数据与技术等优势，进行多种形式的合作，如实行骚扰电话黑名单动态共享、对涉嫌诈骗的号码进行来电提示等。

（三）加大宣传力度，提高公众防骗能力与维权意识

首先，提高公众的安全防范意识。积极运用微博、微信等多种媒体，向公众普及防诈骗知识，提高公众对诈骗行为的辨识能力。其次，畅通公众举报渠道。建立电话、短信、手机APP、网站等多个举报渠道，鼓励公众积极举报电信网络诈骗等行为，夯实群众基础，形成社会共同参与的治理格局。

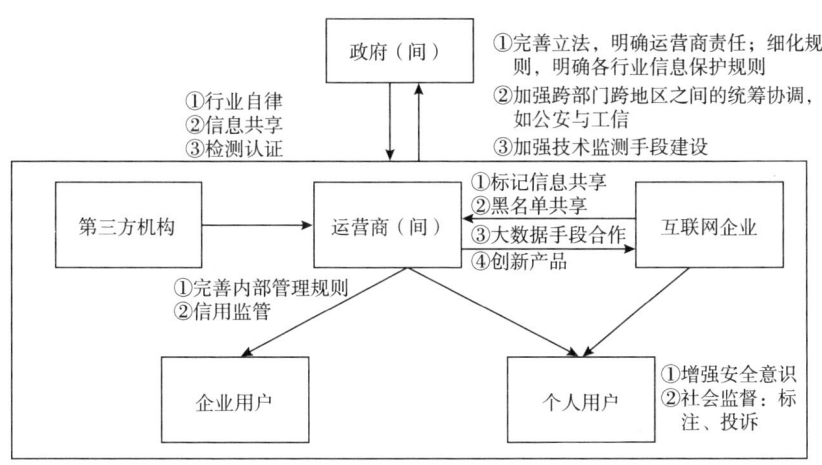

图 2　协同治理机制示意

第三部分

互联网经济治理热点：方案探讨与选择

市场准入的边界

阿拉木斯[*]

中国电子商务协会法律专业委员会

我国电子商务的发展成就有目共睹,全社会正在朝全面信息化的方向发展。在社会经济管理领域,管理机构与市场主体之间的关系,一直是经济学家和法学家关注的重点。

我国当前经济模式由计划经济转型而来,在工业时代下,经济管理方式以严格准入的方式进行。其中许可证制是主要手段。这种管理方式一直适用于过去十多年我国电子商务领域,但是引起了企业、管理机关及学界等各方面反思和争论。许可证制的理论基础和依据是怎样的?互联网环境下我国的社会经济管理,尤其是电子商务市场应该适用怎样的管理模式,怎样的准入和退出机制?这是本研究试图要解答的问题。

一 电子商务市场主体与传统市场主体的对比

一般意义上的电子商务主体,是指以赢利为目的,借助电脑技术、互联网技术与信息技术实施商事行为并因此而享有权利和承担义务的法人、自然人和其他组织。广义的电子商务主体,既包括商事主体,也包括消费者、政府采购人等非商事主体;狭义的电子商务主体,则仅指电子商务中的商事主体,即电子商务企业。而目前我国的电子商务企业主要有两种类型:一种是传统企业在其原有经营范围的基础上,通过引入电子商务交易模式,开辟电子商务业务活动,拓展企业的经营范围,此类企业可以称为不完全的电子商

---

[*] 阿拉木斯,信息社会 50 人论坛成员、中国电子商务协会法律专业委员会副主任、网规研究中心主任。

务企业；另一种是完全借助网络和信息技术，通过整合商业运作中的资金流、信息流和物流，为企业实现交易方式的网络化和交易手段的电子化，因此可称为完全的电子商务企业。本报告取其狭义的定义来界定和分析电子商务主体。

（一）电子商务主体的特征

首先，是其表现的虚拟性。电子商务存在于网络环境之下，在这种环境下，网络用户以数字或网页等电子化方式表现出来，其主体是否真实存在、主体是谁或者主体是否为数码信息所指示的真实用户，这些都不能直观地判断出来。在网络环境下，有的商务主体是以网站形式出现，并通过计算机硬件、软件构筑网络平台，形成电子商务交易场所；有的商务主体则通过页面形式设立交易窗口或在线商店进行网络交易。

其次，是交易主体身份的不确定性。网络具有开放性、无国界性，因此电子商务主体的国别、所在地、企业资信等情形不易确定。这就导致消费者对网上电子商务交易存在顾虑。从法律角度讲，任何一起电子商务交易都应该是具体、确定的，这就要求电子商务主体的身份也是具体确定的。这种主体身份的不确定性与电子商务法律关系的确定性之间的矛盾，使我们需要建立一种主体认定制度，用来确定主体的身份进而确定电子商务法律关系本身。

再次，电子商务交易的数量、种类繁多。传统商事行为一般只有买卖双方两个主体即可实行，而任何一笔电子商务交易的完成必然涉及多重法律关系，每一次商事活动至少由三个以上的主体参与才能完成。除了直接交易主体之外，还需要许多间接主体，如交易平台、第三方支付平台、物流配送等机构的参与。这种繁杂的多方法律关系导致责任认定过程也更加复杂。

最后，是跨地域性。以现代互联网信息技术作为其支撑体系的电子商务的跨国界和跨地域性也必然导致参与其中的电子商务主体呈现跨地域性。这种特点必然会给电子商务中合同和侵权行为以及管辖权确定等法律行为带来影响。

然而，就电子商务主体与传统商业主体相比较而言，二者既有共性，也有区别。

（二）电子商务主体与传统商业主体的共性

电子商务主体与传统商业主体的存在目的均在于赢利，二者的商事行为也均以赢利为目的，且都要遵守法律法规和恪守伦理规范。电子商务行为作为一种新兴的现代商事行为，与传统商业行为并无本质上的区别，而更多的是一种表象和手段等技术层面的内容。具体来说，电子商务具有虚拟的表象，以"网络"为其经营手段，而传统商业行为以传统有形市场为其经营手段，二者均是以"赢利"为目的的行为。虽然电子商务的整个交易流程基本上都是在网络上通过鼠标、键盘来完成的，交易双方从未谋面，而电子商务这种虚拟交易的行为最终要与传统商业交易行为一样，是要落到现实的法律制度中去（尤其是合同法制度和侵权法制度），并通过设定交易双方当事人的债权债务关系来实现其效力的。电子商务的本质仍是商事行为，信息技术、网络技术只是电子商务主体实现其赢利目的的途径和手段而已。并且在一定范围和条件下，电子商务可以成为传统商业主体的一种销售方式。

（三）电子商务主体与传统商业主体的区别

首先，两种市场主体进入对方市场的难易程度不同。传统商业主体进入电子商务市场的难度要小于电子商务主体进入传统商业市场的难度。根据《城乡个体工商户登记管理暂行条例》的规定，一般商业主体申请从事工商业经营的，应当持户籍证明向其户籍所在地的工商行政管理机关提出申请，依法办理登记之后方能进行经营活动。而目前的电子商务主体大多并无实体经营场所，更无法提供户籍证明或相关证明进行申请，无法进入传统有形市场。

其次，两种市场主体达成赢利目的的手段不同。传统商业主体采用面对面或非电子商务的方式进行交易，这种有形市场一般都需要实体店面，有一定的货物囤积并雇佣一定数量的员工，这些所需的花费少则几万元多则几十万元甚至上百万元，并且在经营活动中要受到距离、气候、营业时间等诸多因素限制。而在电子商务市场中的主体经营的成本则大大降低，只需一台可以上网的电脑，通过相关网站的初步审核认证获得商品发布的网络空间，然后配以煽情的广告词和漂亮的画面即可开始营业，且完全不受距离、气候、营业时间等因素限制。

二　我国电子商务的市场准入机制

市场准入制度，是关于市场主体资格确立、审核和确认的法律制度，是国家准许自然人、法人和其他组织进入市场，从事商品生产经营活动，确定主体资格的实体条件和程序条件的各种制度规范的总称。它是市场经济发展到一定阶段的产物，且随着市场对人类生活的影响范围和程度而日益拓展和深化，并逐渐为保护社会公共利益而健全和完善。市场准入制度，对于市场主体而言，是构成其商事的资格取得、存续、丧失和有效行为的法律尺度。如果违反了市场准入制度而实施商事行为，则有可能导致受到行政处罚，承担刑事责任（比如非法经营罪），民事行为有可能被认定无效（比如超出国家特许经营、限制经营范围而实施的行为）。为此，作为一个商事活动者，进入市场从事商事活动，应当考虑的第一个问题就是该领域的市场准入制度是什么。

综观我国现阶段电子商务企业的发展现状，近年来，我国电子商务主体涉足传统商业市场的数量不断增加，所从事经营的领域也不断拓宽，电子技术、信息技术和网络技术在推动电子商务的投资、贸易等方面起到了至关重要的作用。在此环境下，传统商法的适用和调整范围正在向电子商务市场逐步延伸。因为电子商务主体的设立条件和市场准入条件依然要合乎法律保护的消费者利益与社会公共利益，那么诸如《公司法》《合同法》《消费者权益保护法》《个人独资企业法》《合伙企业法》《反不正当竞争法》《产品质量法》《广告法》等现行立法中的许多法律规范仍适用于电子商务主体。例如，投资者要发起设立经营网站信息服务的有限责任公司，首先必须按照《公司法》规定的条件与程序进行申请设立，投资者要设立以电子网络为主要或者唯一营销手段的商业流通公司，也必须遵守《公司法》规定的条件与程序。此外，除了公司企业设立登记注册的基本立法，有关电子商务主体的行政法规（如《电信条例》）和行政规章（如《互联网信息服务管理办法》）也应当予以遵守。

此外，除了公司企业设立登记注册的基本立法，有关电子商务主体的行政法规（如《电信条例》）和行政规章（如《互联网信息服务管理办法》）也应当予以遵守。总体看来，我国电子商务主体市场准入的法律环境并非完全空白，还是有些法律法规可进行基础规范的，所以下一步在完善我国电子商务主体市场准入制度的时候，也要在现行法律法规的基础上补充完善，且不可也不必完全推倒重来。

（一）电子商务企业设立的基本制度

企业市场准入立法的首要前提就是企业设立条件，对此各国立法均以不同规范形式明确了不同企业的设立条件，以规范企业进入市场的基本要求。我国目前关于企业设立条件的立法根据企业组织形式的不同，也分别散见于《公司法》《合伙企业法》《个人独资企业法》等法律中。在此条件下，电子商务企业在设立时必须根据其组织形式的不同，分别按照上述立法确立的企业设立条件申请设立登记，此外，还应符合《电信条例》和《互联网信息服务管理办法》的规定。

电子商务主体的设立主要分为两种形式：一种是设立独立的电子网站；另一种是在他人设立的交易平台上设立交易窗口或专卖店。前一种按照经营性网站的要求设立即可，后一种则还需与网站签订合同。在国家大力推进电子商务市场发展的形势下，这些年一些地方政府也陆续出台了具有地方特色的促进电子商务企业发展的规章制度，比如，深圳市市场监督管理局于2010年6月颁布的《关于服务电子商务市场促进健康快速发展的若干措施》（以下简称《措施》），被称为深圳电子商务市场的"十五条"新政。从一般立法角度来说，企业的设立条件主要包括人的条件和物的条件两个方面，前者包括企业名称、企业章程、企业组织机构等方面的要求，后者则包括企业资本和经营场所等方面的要求。而深圳市《措施》第一款的相关规定即旨在降低电子商务准入门槛，培育新兴市场主体，如条文规定"对有办公实体的电子商务经营者，允许在符合条件的集中办公区域内一个场所登记多家企业"，允许电子商务企业"一址多照"；为鼓励电子商务企业集团化，放宽电子商务企业集团的注册条件，注册资本降低了一半的要求，具体为：母公司注册资本要求在1500万元以上，有3个以上控股子公司。母公司和子公司注册资本总和达到3000万元以上即可。而一般的企业成立集团最低资本要求分别是子公司3000万元、母公司6000万元。

（二）电子商务企业设立登记管理基本制度

我国一贯采取强制登记作为企业设立登记的基本原则，从事商事经营活动的企业组织都需要办理登记，否则属于无照违法经营。目前根据企业组织形式的不同，主要分为公司法人登记、非公司企业法人登记和非法人企业登记三种不同的登记管理模式。相关立法则包括《公司登记管理条例》及其《实施细则》、《企业法人登记管理条例》及其《实施细则》等多部行政立法和部门规章。我国实行市场进入登记制，经营者要进入电子商务市场实行登记机制，以便行政部门动态掌握市场基本情况，方便其加强监管，规范行业运作。实行事先登记制，可为未来解决税收问题提供前提条件。为提高整体效率，避免对电子商务的发展限制过多，这类登记实行核准制。根据《电信条例》和《互联网信息服务管理办法》的规定，有下列行为的电子商务主体应申请登记备案：①利用互联网签订合同，从事经营活动，进行网上交易；②利用互联网发布经营性广告；③利用互联网进行经营性形象设计、产品宣传；④利用互联网从事国际互联网接入业务、网络技术服务、电子商务、提供信息源服务；⑤其他以赢利为目的的活动。电子商务主体在申请设立登记的过程中，必须按照上述立法规定的登记范围、登记内容、登记程序、登记效力等方面的要求，经工商行政管理部门的审查许可后，方可领取企业营业执照，取得企业主体资格和营业资格。此类地方性规章制度在一些电子商务发展较快的城市首先出台，比如，北京市工商行政管理局在2000年就网络经济管理先后在网上发布了5个通告，分别是《北京市工商行政管理局关于网上经营行为登记备案的通告》、《北京市工商行政管理局关于网上经营行为登记备案的补充通告》、《北京市工商行政管理局关于对网络广告经营资格进行规范的通告》、《关于对利用电子邮件发送商业信息的行为进行规范的通告》和《关于在网络经济活动中保护消费者合法权益的通告》，随后又陆续制定颁布了《中国互联网络域名注册暂行管理办法》、《经营性网站备案登记管理暂行办法》及其实施细则，初步建立了具有地方特色的电子商务主体市场准入登记制度。

(三) 电子商务领域的行政许可

1. 行政许可的理论基础

行政许可是一种市场准入管制手段，其本质是对特定主体自由进入市场进行限制，通过审查其获得从事特定市场行为的资质，达到事前监管的目的。其理论基础在于以下几个方面。

首先，是作为干预市场自由的强制手段如何得以正当化。理由包括两方面：一是应对市场的失灵；二是保障公共利益。

其次，行政许可具有替代或补充措施。主要包括以下四点。

（1）事后监督：动态监管；

（2）市场监督：信用机制；

（3）行业自律规范或中介组织规范；

（4）事后救济：消费者维权、民事诉讼、行政处罚。

替代和补充措施实际体现的是行政管理之外的社会多中心治理模式。这也是社会治理机制变革的方向。

我国《行政许可法》（2003年）第二条规定："行政许可，是指行政机关根据公民、法人或者其他组织的申请，经依法审查，准予其从事特定活动的行为。"其含义是：一般禁止为前提，个别解禁为内容。

我国《行政许可法》制定具有特定的历史背景：其一，计划经济时代，行政审批涉及领域广泛，且审批手续繁杂。其二，十一届三中全会之后，在建设市场经济的过程中，行政审批制度暴露出越来越多的问题，阻碍了市场经济的活力，同时也出现权力的滥用现象。

因此，国家在推进经济体制改革的同时，也大力推行行政审批制度改革。全国人大法工委常委会从1996年开始着手行政许可法的调研起草工作，经过理论界和实务界的充分讨论，最终于2003年8月27日由十届全国人大常委会第四次会议正式通过《行政许可法》。因此，《行政许可法》的制定和发展应该对市场经济的发展进程做出回应。

从现代社会管理角度而言，行政许可以法律的明确规定为限。我国《行政许可法》第十二条规定："下列事项可以设定行政许可：（1）直接涉及国家安全、公共安全、经济宏观调控、生态环境保护以及直接关系人身健康、生命财产安全等特定活动，需要按照法定条件予以批准的事项；（2）有限自然资源开发利用、公共资源配置以及直接关系公共利益的特定行业的市场准入等，需要赋予特定权利的事项；（3）提供公众服务并且直接关系公共利益的职业、行业，需要确定具备特殊信誉、特殊条件或者特殊技能等资格、资质的事项；（4）直接关系公共安全、人身健康、生命财产安全的重要设备、设施、产品、物品，需要按照技术标准、技术规范，通过检验、检测、检疫等方式进行审定的事项；（5）企业或者其他组织的设立等，需要确定主体资格的事项；（6）法律、行政法规规定可以设定行政许可的其他事项。"

除了法律明确许可的部分可以实施行政许可，我国《行政许可法》还规定了可以不设行政许可的情形。《行政许可法》第十三条规定："本法第十二条所列事项，通过下列方式能够予以规范的，可以不设行政许可：（1）公民、法人或者其他组织能够自主决定的；（2）市场竞争机制能够有效调节的；（3）行业组织或者中介机构能够自律管理的；（4）行政机关采用事后监督等其他行政管理方式能够解决的。"

2. 我国电子商务相关的行政许可现状

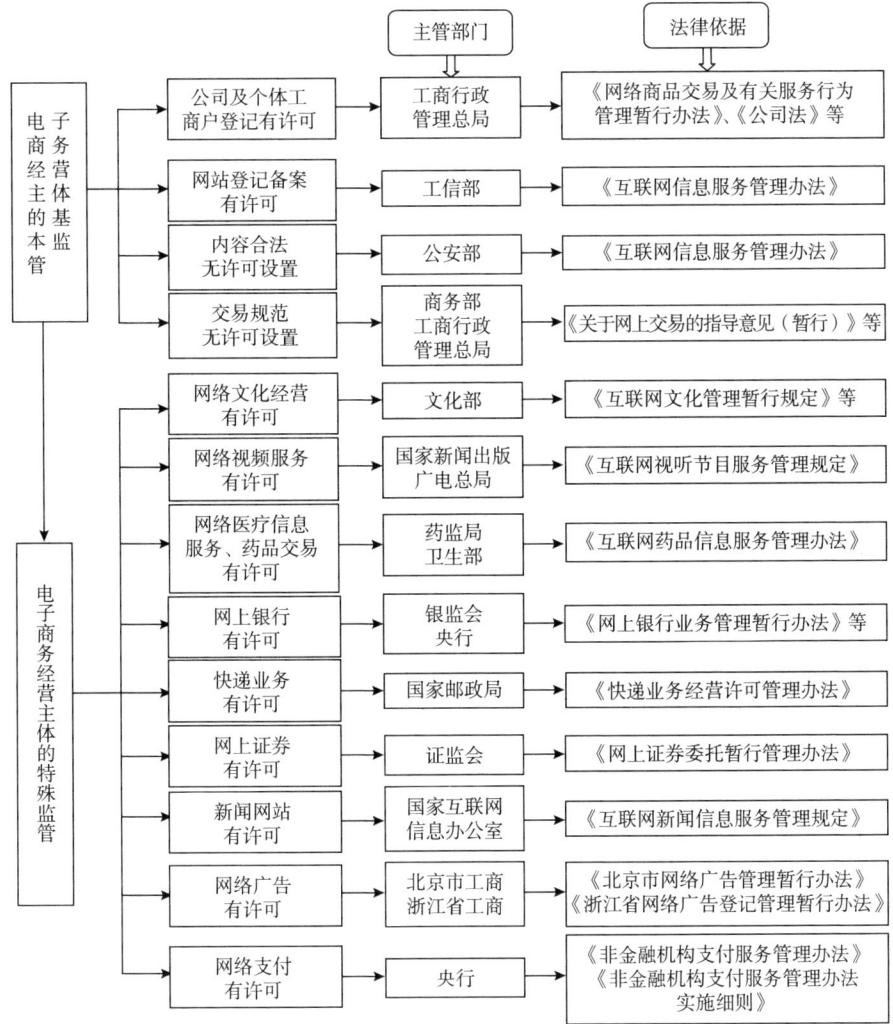

图 1　我国电子商务经营中涉及的许可

在过去十多年里，我国的电子商务飞速发展。客观而言，这种发展得益于技术和资本、模式的创新，也得益于我国相对宽松的行政管理体制。但是目前来看，不合理的管理方式正成为影响该产业发展的制约因素。在市场准入层面，我国一直实行相对严格的市场准入，沿用许可证模式，但其弊端日益明显。探索与信息经济相适应的市场准入模式显得尤为重要。

具体而言，电子商务经营中涉及的许可包括：

①平台经营者一律应当办理工商登记注册，并取得业务相关的行政许可。

商务部《关于网上交易的指导意见（暂行）》（2007年）规定：网上交易服务提供者需要具备合法的主体资格，需要办理相关审批和登记注册手续的，应依法办理；需要具备一定物质条件的，包括资金、设备、技术管理人员等，应符合要求的条件。

商务部《第三方电子商务交易平台服务规范》（2011年）（第18号令）第五条第二款：平台经营者应该依法办理工商登记注册；涉及行政许可的，应当依法取得主管部门的行政许可。

②将平台区分为营利性的和非营利性的，对营利性的平台实行许可制度，对非营利性的平台实行备案制度。

国务院《互联网信息服务管理办法》（2000年）：

对经营性互联网信息服务实行许可制度：网站 ICP 证（增值电信业务经营许可证），由工信部颁发。

对非经营性互联网信息服务实行备案制度：网站 ICP 备案，在 www.miibeian.gov.cn 网站上办理备案手续。

未取得许可或者未履行备案手续的，不得从事互联网信息服务。

③涉及特殊行业的平台，应申请该行业的从业资格许可或者进行备案。

国务院《互联网信息服务管理办法》第五条："从事新闻、出版、教育、医疗保健、药品和医疗器械等互联网信息服务，依照法律、行政法规以及国家有关规定须经有关主管部门审核同意的，在申请经营许可或者履行备案手续前，应当依法经有关主管部门审核同意。"

新闻出版总署《关于促进出版物网络发行健康发展的通知》（2010年）第八条规定：建立出版物网络交易平台应向所在地省、自治区、直辖市新闻出版行政部门备案，接受新闻出版行政部门的指导与监督管理。

药品监督管理局《药品电子商务试点监督管理办法》（2000年）第五条规定：药品电子商务试点网站除按有关规定注册外，必须获得国家药品监督管理局的批准。

食品药品监督管理局《互联网药品交易服务审批暂行规定》（2005年）第六条：为药品生产企业、药品经营企业和医疗机构之间的互联网药品交易提供服务的企业，应当具备以下条件：提供互联网药品交易服务的网站已获得从事互联网药品信息服务的资格。

央行《非金融机构支付服务管理办法》（2010）第三条：非金融机构提供支付服务，应当依据本办法规定取得《支付业务许可证》。

文化部《网络游戏管理办法》（2010）第六条：从事网络游戏上网运营、网络游戏虚拟货币发行和网络游戏虚拟货币交易服务等网络游戏经营活动的单位，应当取得《网络文化经营许可证》。

④站内经营者需要获得相关资质。

其一，视经营者是否为自然人做区分对待：法人等组织进行工商登记注册，自然人则应提交真实身份信息。

国家工商总局《网络交易管理办法》（2014年）（第60号令）：

第七条：从事网络商品交易及有关服务的经营者，应当依法办理工商登记。

从事网络商品交易的自然人，应当通过第三方交易平台开展经营活动，并向第三方交易平台提交其姓名、地址、有效身份证明、有效联系方式等真实身份信息。具备登记注册条件的，依法办理工商登记。

从事网络商品交易及有关服务的经营者销售的商品或者提供的服务属于法律、行政法规或者国务院决定规定应当取得行政许可的，应当依法取得有关许可。

第八条：已经工商行政管理部门登记注册并领取营业执照的法人、其他经济组织或者个体工商户，从事网络商品交易及有关服务的，应当在其网站首页或者从事经营活动的主页面醒目位置公开营业执照登载的信息或者其营业执照的电子链接标识。

其二，平台负有对站内经营者进行身份审查的义务。

国家工商总局《网络交易管理办法》（2014年）（第60号令）：

第二十三条：第三方交易平台经营者应当对申请进入平台销售商品或者提供服务的法人、其他经济组织或者个体工商户的经营主体身份进行审查和登记，建立登记档案并定期核实更新，在其从事经营活动的主页面醒目位置公开营业执照登载的信息或者其营业执照的电子链接标识。

第三方交易平台经营者应当对尚不具备工商登记注册条件、申请进入平台销售商品或者提供服务的自然人的真实身份信息进行审查和登记，建立登记档案并定期核实更新，核发证明个人身份信息真实合法的标记，加载在其从事经营活动的主页面醒目位置。

第三方交易平台经营者在审查和登记时，应当使对方知悉并同意登记协议，提请对方注意义务和责任条款。

其三，从事特殊行业的站内经营者应取得相关资质（特殊行业的市场准入门槛较高）。

国家工商总局《网络交易管理办法》（2014年）（第60号令）第七条第三款：从事网络商品交易及有关服务的经营者销售的商品或者提供的服务属于法律、行政法规或者国务院决定规定应当取得行政许可的，应当依法取得有关许可。

药品食品监督管理局《互联网药品交易服务审批暂行规定》（2005年）第四条：从事互联网药品交易服务的企业必须经过审查验收并取得互联网药品交易服务机构资格证书。第九条：向个人消费者提供互联网药品交易服务的企业，应当同时有依法设立的药品连锁零售企业。

新闻出版总署《关于促进出版物网络发行健康发展的通知》（2010年）规定：建立从事出版物发行的网络书店，在网络交易平台内从事出版物发行，或者以其他形式通过网络从事出版物发行，均须经新闻出版行政部门批准，取得《出版物经营许可证》和《音像制品经营许可证》。

申请通过网络从事出版物零售的单位，应符合《出版物市场管理规定》第十条的规定（其中，应有与其业务相适应的固定的经营场所），并经所在地县级人民政府新闻出版行政部门批准。申请通过网络从事出版物批发的企业，应符合《出版物市场管理规定》第八条的规定（其中，注册资本不少于200

万元、经营场所的营业面积不少于 50 平方米），并经所在地省、自治区、直辖市新闻出版行政部门批准。申请通过网络从事出版物总发行的企业，参照《出版物市场管理规定》第六条相关条款，并经新闻出版总署批准。

已经取得《出版物经营许可证》的出版物总发行企业、批发企业、连锁经营企业、零售单位和已经取得《音像制品经营许可证》的音像制品批发企业、连锁经营企业、零售单位在批准经营范围内开展网络发行，应自开展网络发行 30 日内到原批准的新闻出版行政部门备案，并在其《出版物经营许可证》《音像制品经营许可证》经营范围后加注"网络发行"字样。

3. 对我国电子商务领域行政许可的评述及建议

①电子商务领域现行许可制存在如下问题：

首先，对于平台来说，除了分别向工商局和工信部进行工商登记注册和取得 ICP 证之外，还需要根据平台上的站内经营者的经营范围取得特殊资质，如互联网药品信息服务资格。但问题在于平台上的卖家种类繁多，可能涉及的业务范围很广，平台与卖家资质申请绑定，会增加平台申请行政许可的成本。站内经营者的经营范围与平台的经营范围是两回事。其必要性和合理性值得探讨。

其次，对于站内经营者来说：必须具备线下经营的资质，同时仍需另外申请网络销售的许可证。对同一经营行为的双重许可规定，使线上市场的准入门槛过高。

实际上，许可证不是电子商务管理的目的，它只是众多管理手段中的一种，而且是最传统的手段，即管"入口"，它是在工业环境下、计划经济向市场经济转型的情况下存在的。互联网时代许可证遇上了这个"时代的尴尬"：其一，宽进严出在信用的辅助下成为可能（动态监管－信用约束－基础是数据），许可证式的静态监管相对落后；其二，管理者需要摆脱许可证的心理依赖，不仅是政府，还有媒体和公众。许可证的前提是标准化大规模生产，网规在未设定一项许可的情况下，依然达到了相当的治理效果；其三，原来卡住生产、销售的治理模式遭遇根本性挑战。大规模柔性化生产、商业群体的泛化和小众化、产销合一、C2B 等属于电子商务的新模式出现，已经距离原来的工业社会标准化、规模化、流水线生产越来越远；其四，许多的许可是基于物理条件和区域的，而互联网天然具有跨区域特性，许可的局限性使得其根本无法使用。

②电子商务中许可制变革：

首先是转变监管理念。降低电子商务市场准入门槛，摆脱许可证依赖症，以动态监管、平台治理和市场信用机制来管理市场秩序，实现电子商务市场的快速有序发展。

政府监管部门应摆脱对许可证的依赖。行政许可是我国市场经济发展初期的监管手段，政府不敢放手，相对严格地监管市场的准入，以保证进入市场的都是具备资质的主体，体现了严格事前监管的思路。但是随着市场机制的发展和完善，政府应相信市场自身的信用机制以及优胜劣汰功能，政府可以随时进行动态监管，同时，借助于平台的技术优势及管理便利实现公共治理。

动态监管、平台治理和信用机制相结合的一个例子是商务部 2011 年第 18 号令《第三方电子商务交易平台服务规范》，其中的规定有：

6.4：平台经营者应对其平台上的交易信息进行合理谨慎地管理。

6.5：平台经营者负有交易秩序维护义务，建立并完善网上交易的信用评价体系和交易风险警示机制。

以上海自贸区为例，自贸区采取负面清单管理模式，在这个清单之外的领域，外商投资项目从核准改为备案制。

电子商务虽然不必急于发展为完全的"自由贸易区"，但是以降低市场准入门槛的理念指导立法，通过多元的、动态的治理手段维持市场秩序是可能且有益的。

行政许可的设定与市场本身的发展息息相关。政府是否设定严格的行政许可，与市场本身是否已经有一定程度的纠偏机制有关，或者与政府是否相信市场能够孕育出好的信任与动态淘汰机制有关。电子商务的行政许可设定本身不是一个法律问题，而是理念和政策问题。即我国现在的信息经济发展的大背景下，政府应在何种程度上相信和支持电商行业中市场机制的自我发展与自我纠偏能力。电子商务市场机制的发展实际上已经成为我国市场经济进一步完善以及政府治理能力和治理体系现代化的试验田。在电子商务治理领域，应尽可能发展和发挥市场机制，遵循行政法上的比例原则。

其次是变更监管方式。取消平台经营者的特殊资质申请程序。平台作为电子商务活动的平台服务提供者，只需对其自身的营业范围申请行政许可。我国新的立法趋势已经展现出上述特征。例如，《互联网食品药品经营监督管理办法（征求意见稿）》第九条规定，从事互联网食品药品经营的网站，除符合食品药品监督管理法律、法规、规章要求外，还应当取得互联网增值电信业务经营许可证。并没有再要求其获得互联网药品信息服务资格。

降低已经取得线下销售资格的经营者上网销售的门槛，取消双重许可。已经取得线下销售资格的经营者，没有必要另外申请线上销售许可，而是将其线下销售许可证与线上销售的网址、IP地址等绑定，即足以达到对其适格资质的保障。如《互联网食品药品经营监督管理办法（征求意见稿）》第七条规定："除法律法规规定不需要办理相关证照的经营主体外，互联网食品药品经营者应当取得食品药品经营许可或者备案凭证。"（其中并没有要求经营者取得单独的互联网食品药品经营许可）第十一条规定："互联网食品药品经营者应当将网址、IP地址等信息备案至原颁发经营许可或者备案凭证的食品药品监督管理部门，同时应当在其网站首页醒目位置公开其营业执照、经营许可证件或者备案信息，公示其执业药师信息，并提供与食品药品监督管理部门官方网站的电子链接。"

知识产权的深意

阿拉木斯[*]

中国电子商务协会法律专业委员会

一 电子商务环境对知识产权保护的影响

（一）对传统知识产权特征与范围的影响

第一，权利载体的非物质化使知识产权的专有性淡化。传统的知识产权只是知识产品，是无形的，但总要以物质形态固定在有形的载体上表现出来，从而使权利能够识别区分，便于界定知识产品的使用是否违背了知识产权的专有性构成侵权。互联网上的知识产品是以信息数字化为基础，以电子形式存在于磁盘、光盘、光缆等介质上，呈现状态的无形、非物质化特点，使权利的识别、使用是否违背专有性、是否侵权都难以界定，使权利的专有性减弱、淡化。

第二，信息交换的迅捷使知识产权的时间性受到冲击。传统理论规定权利保护时间限制，一是考虑知识产品的更新发展；二是用产品所有人享有专有性的一定时间的保护来换取其产品的公开，为社会创造财富。权利保护时间的长短以其在保护期普遍所得与创造知识产品的智力劳动相抵为标准，是个人利益与社会公共利益平衡的结果。而互联网上的知识产品比以往传输、扩散更快捷，使用更方便迅捷的优势，这使如何适用相抵标准确定保护期限长短带来了困难，过长则因知识老化而浪费智力资源，减少社会利益，过短则伤害产品创造者的积极性。

第三，信息电子服务的全球化使知识产权的地域性受到冲击。传统知识

---

[*] 阿拉木斯，信息社会50人论坛成员、中国电子商务协会法律专业委员会副主任、网规研究中心主任。

产权的保护要受到地域的限制，除参加的国际条约外，权利只在取得国受承认和保护。互联网是跨地域的、全球性的，它打破了传统的国家、地区界限，使之不复存在，知识产品可迅速跨地域传输、使用。知识产权法是国内法，知识产品要受所在国法律的制约，而世界各国的法律虽有一些共识，但对知识产权的保护仍有许多差异，保护水平也有所不同，法律的冲突使网上的权利行使和保护难以认定，准据法、执法主体和管辖也难以确定下来。随着互联网的发展和全球经济一体化，可以预见知识产权的地域性将日益淡化。

第四，以信息数据为载体的新型权利出现。我们正处于一个数据化的时代，信息技术的发展使数据的收集、利用成为可能，数据彰显出重大的商业价值和财产权利属性。现有的知识产权法律制度涵盖了一部分信息数据权利的保护，但是信息数据的权利表现出新颖性，现有的法律制度并不能充分涵盖，而知识产权的保护又显得尤为狭窄，所以探讨信息数据的权利，既有利于理清信息数据权利与知识产权制度的关系，也有利于更加充分地保护信息数据权利人的权利。

（二）对传统知识产权权利义务格局的影响

知识产权法律制度，实质规定的是智力成果的创造者个人与社会公共利益间平衡的权利义务格局。互联网对这一传统的格局和平衡提出了挑战。主要表现在以下几个方面。

第一，权利享有不完整。传统的知识产权理论，是把权利作为一个完整的整体一次性授予一个知识产品的创造者，即其享有的权利是完整的，这是权利授予的原则。而互联网上的信息知识作品，因多媒体技术的日益成熟，多表现为多媒体作品，其创造包含了多种信息原创造者、多媒体组合者、最后加工者的智力劳动，从而使权利的享有格局难以确定。

第二，义务承担的不确定。知识产权法中的义务主要指知识产品的使用者对权利人承担的义务。互联网有遍布世界各国的庞大用户群体，并因开放式而处于隐蔽状态，当其享有网络上的信息知识产品时，因其所在国法律的不同，使其使用行为的性质、方式，是否承担义务，承担何种义务，如何承担义务等都处于一种难以确定的状态。

第三，权利义务实现过程中的非均衡（不对等）。享有权利和承担义务的对等性是传统民法的基本原则。知识产权制度的设立，就是为了在知识产品的流动交换中获得利益以弥补创造知识产品而付出的智力劳动，以鼓励创造，产生社会效益，并求得二者间的均衡。互联网上的信息产品流动交换，打破了这种原有的均衡，如因网络上信息知识产品而产生的实际利益更多地落在传播者甚至参与者手中，而不是落在权利主体的创造者手中；作品的个人使用者与权利人间的权利义务难以确定，处于不对等状态，使用者往往基本不承担什么义务。

第四，新型的信息数据权利，无法通过现有的法律制度进行准确界定。但是可以确定的是，信息数据的权利主体是多方面的，权利义务也是多层面的，其内容也有区别于现有权利义务的地方，这些新的问题都是我们当前正在面对或未来即将面对的重要问题。

（三）信息环境下知识产权侵权的表现形式

互联网作为一种新兴的媒体日益成为一种不容忽视的知识传播方式。在网络时代，如果知识产权权利人不能有效地控制网络这种日益主流的传播方式，那么其知识产权就不可避免地受到他人的侵犯。信息环境下的知识产权侵权形式主要有：在著作权领域，包括未经许可擅自使用、转载侵权、网络抄袭与剽窃、网页设计侵权、链接侵权、下载侵权等；对商标所有人的侵权，则主要包括未经许可擅自使用他人商标，或通过域名抢注等方式侵犯他人商标权，实施不正当竞争行为。由于这些行为发生于网络上，侵权行为实施简单、侵权范围无限制扩大、侵权影响异常恶劣，对权利人的侵害非常严重。

信息网络环境对知识产权保护带来的影响是全球普遍性的，世界各国已经探索、总结出一系列应对策略。

二 国内外信息网络环境下知识产权保护动态

知识产权的国际保护，已经得到了一系列国际公约的确认。如世界贸易组织通过的《与贸易有关的知识产权协议》，世界知识产权组织制定的《世界知识产权组织版权条约》和《世界知识产权组织表演和录音制品条约》等。本部分主要围绕信息环境下知识产权保护问题，选择美国和欧盟作为代表国家和区域进行研究，供我国建立完善知识产权保护制度做参考。

（一）美国

1. 知识产权保护体系

信息技术的发展源于美国，而美国也十分重视知识产权法律保护。因而，美国对信息环境下的知识产权法律保护探索在全球范围内具有先导性意义。

虽然美国是判例法国家，但美国对知识产权的立法保护可谓由来已久。1789 年开始实施的《宪法》第一章第八条第八款指出，国会有权"保障著作家和发明人对各自的著作和发明在一定的期限内的专有权利，以促进科学和实用艺术的进步"。此后，美国又先后制订了《专利法》《商标法》《版权法》《反不正当竞争法》《软件专利》。为了全面执行世界贸易组织《与贸易有关的知识产权协定》规定的各项义务，1994 年 12 月 8 日美国政府制订了《乌拉圭回合协议法》，对知识产权法律做了进一步的修改和完善。

在行政执法层面，美国联邦政府拥有涉及多机构的管理体系，其主要职能是负责知识产权的事务性工作以及新技术的推广和转让。如按照功能分类，联邦知识产权管理机构分为两类，第一类是行政主管机关。如美国专利商标局负责专利和商标的受理、审查、注册或授权、公开等；美国著作权局负责著作权的登记和管理；美国商务部负责国有专利的推广。其他政府机构也拥有各自的专利管理部门，有权以本机构的名义从事专利的申请、维护以及许可转让等工作。此外，国家技术转让中心作为联邦政府支持的、规模最大的知识产权管理服务机构，负责协调知识产权的相关资讯和促进技术转让事务。第二类是特别设立的、与科技法律有关的机构，如国会研究服务署、会计署、科技评估室、国会预算室。另外，美国各地有数百名专利代理人，他们对新技术进行认证并在潜在的买卖双方之间充当桥梁作用，以促进技术转让。

在知识产权的司法保护层面，美国多层次的司法体系是知识产权的最主要保护手段。通常情况下，美国联邦地区法院是知识产权侵权案件的初审管辖法院。纠纷案件分为两种情形：其一，专利纠纷一般由联邦巡回法院审理，上诉则由联邦高级法院上诉法庭审理。联邦巡回法院的介入，减少了审理前的司法管辖权冲突，使专利制度更加稳定；其二，其他纠纷，如州注册商标和按习惯法取得的商标侵权案及商业秘密的滥用、不正当竞争等案件一般由州法院审理。如果原告或被告不服州法院的判决，可向联邦巡回法院提出上诉，联邦巡回法院的判决为终审判决。除司法保护外，美国还利用行政程序和仲裁制度保护知识产权。

2. 信息环境下的知识产权保护

随着信息技术的发展对知识产权制度的影响，美国也是最早关注并解决网络知识产权保护问题的。美国法学界在探讨网络服务商的版权侵权责任时，通常将网络服务商分为 ICP 和 ISP。其中 ISP 仅提供接入、存储、传输、链接或搜索等服务，该类服务是根据用户的指令自动完成的，ISP 对传输的作品内容不知情，对传输行为也不直接进行控制。

1995 年美国提出了《知识产权与国家信息基础设施》白皮书。根据该白皮书的规定，ISP 既然从中间服务活动中获利，就应当负担由此产生的风险，即应当承担类似出版商一样的严格责任。由于该白皮书赋予 ISP 的责任过大，因此遭到了 ISP 业界的强烈反对，《知识产权与国家信息基础设施》白皮书最终未获得通过。

此后，美国于 1997 年相继颁布了《在线版权损害责任法案》和《数字版权和技术教育法案》对 ISP 的责任进行规定。《在线版权损害责任法案》规定，若 ISP 未主动传输、挑选、编辑受指控侵权作品以及缓存未超过法律限定的时间，ISP 不承担直接侵权责任、连带侵权责任和代为侵权责任；《数字版权和技术教育法案》则强调只有在收到版权侵权通知且有合理机会限制所指控版权侵权行为而未采取相应限制措施的情况下，ISP 才承担法律侵权责任，否则 ISP 不承担侵权责任。

1998 年 10 月美国通过了《数字千年版权法》，对网络服务商的版权侵权责任做出了系统而明确的规定。《数字千年版权法》对网络服务商的版权责任的认定主要有以下三个方面的内容。

一是针对网络服务商可能承担的版权侵权责任,将两类网络服务商区分加以规定,对 ISP 规定了与 ICP 不同的法律义务和责任。

二是 ISP 只有在主观上存在故意或过失才承担版权侵权责任。ISP 不因执行传输功能本身复制和缓存侵害他人版权的信息而承担直接侵权责任。

三是建立了"通知和移除"规则。根据规定,ISP 在满足下列条件的情况下不承担赔偿责任:①服务商不知道侵权信息的存在,或没有意识到侵权活动的发生;②如果服务商有权利和能力去控制侵权行为,则该服务商必须没有从侵权行为中获得经济利益;③在接到侵权声明后,服务商必须迅速取消或关闭信息的进入路径,移除侵权信息或阻止他人获得这种信息。如果通知人没有提供足够的身份证明,或者不能证明此信息为侵权信息,服务商可以拒绝做出任何积极行为。如果通知人做虚假陈述,则应当承担赔偿服务商和第三人因此受到的损失或费用的法律责任。

"通知和移除"的规则被称为"避风港原则",成为世界多国普遍采用的一个侵权责任认定规则,我国的《信息网络传播权保护条例》也借鉴了其中的相关内容。

如今美国又有了新举动,激起人们的强烈反应。2011 年底旨在加强网络版权保护的《禁止网络盗版法案》(SOPA)、《保护知识产权法案》(PIPA)被递交国会审议,它们试图进一步加重网络服务提供商的责任,因此也遭到了维基百科、谷歌、Face Book 等网络巨头以及普通民众的强烈抗议,法案现被暂时搁置。可以看出,版权公司试图加强网络版权保护的做法一直没有改变。

(二)欧盟

1. 欧盟的知识产权法律保护体系及动态

欧盟及其成员国特别注意知识产权保护,并将其视为欧洲经济增长的发动机。欧盟知识产权保护的立法以维护其内部单一市场为目的,由欧盟层面的法律和成员国层面的法律两部分组成。在新形势下,欧盟提出的知识产权保护战略规划，集中指向数字化时代的知识产权保护，提升了欧洲在世界范围内的经济竞争力。

欧洲是现代意义上知识产权保护制度的发源地。1709年英国颁布的《安娜女王法令》是世界上第一部具有现代意义的著作权法；1883年在巴黎签署的《保护工业产权巴黎公约》是世界范围内保护发明、商标、外观设计等知识产权的基本国际条约；1992年法国颁布了世界上第一部知识产权法典。这些标志性事件揭示了知识产权制度率先在欧洲起源的历史进程。直到今天，欧洲各国在知识产权保护方面的观念、制度与举措仍走在世界各国前列。

欧盟视知识产权保护为经济增长的发动机。在欧洲，人们对知识产权保护的重视程度普遍很高。近年来，欧盟特别强调不能低估知识产权保护作为欧洲经济增长发动机的角色。

欧洲知识产权保护制度的历史演变基本上可以分为三个阶段：一是17世纪至19世纪末，各国先后在诸多领域内建立各自的知识产权保护体系；二是19世纪末至20世纪70年代，随着国际贸易的不断扩大与国际市场的日益成熟，知识产权保护的需求在国际化层面上进一步凸显；三是20世纪70年代以来，随着欧洲一体化进程的逐步深入，欧洲国家的知识产权保护制度也出现了一体化的趋势。欧洲知识产权保护制度的发展呈现出以下特点：一是不断追求合法保护和合理限制的平衡；二是国家地域保护向一体化联合保护发展；三是本地区经济利益决定知识产权保护的重点。在欧洲范围内，最初对知识产权的保护是各国独自进行的，并且保护对象只在特定国家的地理疆域内有效。后来，各国逐步认识到在欧洲层面上对知识产权制度进行统一协调，实施共同的规定和标准，不仅可以扩大知识产权所有人和使用人享受权益的地域范围，获得额外利益，而且还可以促进贸易自由化，深化共同市场的发展。

欧洲知识产权保护制度的一体化相较于其他领域发展步伐迟缓。1973年10月，当时的欧共体大部分成员国与部分西欧国家（共计14国）在慕尼黑签订了欧洲专利条约，即《慕尼黑条约》，将缔约国专利权的授予统一于欧洲层面的专利制度框架下，不仅扩大了专利保护范围，维护了专利权人和消费者的利益，也为在欧共体内部实施共同专利制度作了准备。该机构的设立及其所授予的欧洲专利，迎合了各国经济联系日益密切和国际协调日趋强化的发展趋势，充分考虑了各国在国际科技、贸易合作中的近期利益和长远利益。

1975年，欧共体在卢森堡召开欧共体专利大会，签署了《卢森堡条约》，即《欧共体共同市场专利条约》。该条约的缔约国仅限于欧共体成员国，是在欧共体范围内建立统一专利制度的开始。作为统一的专利法规，它旨在保证欧洲专利在欧共体每个成员国内具有同等的效力，以彻底结束欧共体共同市场因为各成员国保护知识产权立法的差异而被侵害的状态。1988年12月，欧共体还颁布法令消除了成员国商标法的分歧。

总体而言，目前在欧盟范围内各成员国仍旧是知识产权保护实践的主体，但知识产权保护在欧盟层面上的统一与协调机制日益成熟。

欧盟知识产权保护的立法以维护其内部单一市场为目的。欧盟知识产权保护的法律体系由欧盟层面的法律和成员国层面的法律两部分组成。其中，成员国法律以相关欧盟法及其在相关国际协定中的承诺为基础。欧盟在知识产权领域内的立法工作以确保其内部单一市场的健康运行为目的。

2007年通过的《里斯本条约》也围绕这一目的对欧洲知识产权问题提出了框架性的规定：在内部市场建立和运行范围内，欧洲议会和理事会应根据普通立法程序规定措施，创设欧洲知识产权，在全联盟内提供统一的知识产权保护，并建立联盟范围内的集中的认可、协调与监督安排。

欧盟及其成员国在知识产权保护领域内的立法工作，最初是在不同的方面分别进行的，如专利、商标、工业设计、著作权、地理标志等。如今欧盟已日益注意从知识产权保护的整体层面上调整与设计新的制度机制，同时还注意协调欧盟与各成员国之间的统一与协调。欧盟于2004年颁布了欧盟2004/48/EC号指令，这是在欧盟成员国内实施的，旨在规范知识产权执法措施的一部综合指令，是打击假冒和盗版的一项重要立法。不过，这项法令只涉及民事措施。

欧盟知识产权保护的战略规划：

欧盟知识产权战略规划在工业产权保护方面的新举措。

①专利：在强化合作的机制下，欧盟于2011年4月启动了一项旨在建立单一专利保护机制（Unitary Patent Protection）的提案。同时，欧盟还将建立统一、专门的专利法院（Patent Court），处理专利事务，以加强商业执法，避免同一专利事务需要在不同成员国办理而产生相互矛盾的判决。这样也可以明显地减少诉讼成本，缩短解决专利纠纷的时间。

2012年12月11日，欧洲议会批准了有关欧盟国家实施统一专利制度的协议，在所有欧盟国家内实施统一的专利申报和仲裁，包括统一的程序与规则，使用统一的语言，成立一个新的专利诉讼仲裁法院，简化手续和降低费用。该协议从2014年1月1日起实施。目前，欧盟国家申请专利与专利诉讼均在各成员国办理，如果要在欧盟27个成员国都申请专利，必须办27次，不仅需要大量的时间，还要花很多钱。建立统一专利制度后，申办专利只要一次，就能在所有欧盟成员国内生效，不仅节省时间，相关费用最多可以节省80%。

②商标：对欧盟及其成员国的商标注册机制进行综合修订。鉴于欧盟与其成员国在商标注册方面的协调机制是在1990年建立的，在新的时代背景下，需要在欧盟层面和成员国层面上进一步将此机制现代化，打造成一个有机整体，该机制功能的实现需要欧盟内部单一市场协调办公室（OHIM）和各成员国商标管理部门合作实现。欧盟于2011年第四季度开始对《欧盟商标管理条例》（Community Trade Mark Regulation）与《商标法令》（Trade Mark Directive）进行修订。

③地理标志：地理标志（Geographical Indications）确保了产品品质与其产地的关联。欧盟的相关法律早已对农业产品进行了名称保护，但除部分成员国的法律机制外，在欧盟层面上还不曾存在对于非农业产品名称的保护机制，而这会对欧洲内部的单一市场带来负面影响。因此，欧盟决定启动一项在欧盟层面上建立非农业产品地理标志保护机制的可行性研究，以便进一步探讨该机制的创建问题。

④著作权：简化著作权管理机制，欧盟将在两个层面上采取措施：一是

制定著作权集体管理的共同规则，以提高对集体管理收入来源的管理及其透明度。有关信息管理组织的治理及其透明度的管理规则更加清晰，有助于在著作权所有人、商业用户和集体管理组织之间创造一个公平的竞争环境。二是为跨国音乐作品的在线服务授权创建一个清晰且运转良好的法律框架，这有助于鼓励产生新的商业模式，为欧洲消费者提供在线服务。

⑤促进"孤儿作品"的数字化：为促进欧洲知识与文化遗产的传播，欧盟决定建立一种促进"孤儿作品"（Orphan Works）数字化的机制，以使公众能够有机会接触到这些作品。"孤儿作品"是指那些仍旧受到著作权保护，但其所有人已无所知晓或难以确认的图书、报纸、电影等作品。由于这些著作的版权所有者已无法联系，在这些作品的数字化过程中就无法取得所谓著作权所有人的授权，所以有必要在欧盟层面上创立一种有助于"孤儿作品"数字化的机制，以促进欧盟层面上数字图书馆的发展。欧盟也在数字图书馆的建设过程中，探讨与图书作者、出版商、图书馆和著作权集体管理组织之间的共同协议，通过授权模式让那些非商业用途的图书能够在线阅读。

⑥创建《欧洲著作权法典》：作为著作权保护长远战略规划的一项重要内容，欧盟将评估创建《欧洲著作权法典》（European Copyright Code）的可能性，这部未来的法典将综合欧盟在著作权保护方面的法令，并有可能提供统一著作权（Unitary Copyright Title）注册可行性的检查，以使著作权所有人有更多的灵活性，自主选择在什么地方（成员国层面或跨国层面上）获得并执行其著作权。

此外，在这项战略规划中，欧盟还要对受著作权保护的著作的复制进行征税，对音像著作的在线传播进行听证。

欧洲知识产权保护存在的负面影响：

欧洲的知识产权制度为其经济发展架设了很好的法律保障，但在某些情况下，这种保障也会为经济流通带来一定的负面影响，甚至会产生不必要的贸易摩擦。尤其是，虽然目前欧盟正在努力完善欧盟层面上统一的知识产权保护制度，但在知识产权侵权诉讼的司法过程中，每个成员国还有各自不同的法院系统和司法程序，这种现状增加了案件审理的复杂性。

知识产权海关执法一直是欧盟知识产权执法中非常重要的环节，对于欧盟的知识产权保护贡献甚大。自 2008 年 10 月以来，欧盟一些海关屡屡发生过境货物遭到扣押的事件，尤其是荷兰海关，以荷兰法院提出的"虚拟制造"理论为依据，屡次扣押印度等国的过境药品，引起国际社会的极大关注。欧盟法院对"Nokia 诉英国皇家海关案"和"Phillips 诉比利时海关案"的判决，对欧盟知识产权海关保护条例的适用问题做出了详细解释，也厘清了过境货物、"虚拟制造"理论等基本问题，对欧盟海关的知识产权执法和法院司法都有很好的指导作用，对于我国政府和企业也有重要的借鉴作用。

2. 关于信息环境下的知识产权保护

2011 年 5 月，欧盟提出了新的知识产权保护战略，集中指向数字化时代的知识产权保护。这一战略是欧盟 2020 战略（Europe 2020）、单一市场法案（Single Market Act）和数字欧盟议程（Digital Agenda for Europe）的补充和有机组成部分。随着时代的发展，与互联网相关的技术变革已彻底改变了知识产权的运作方式，并为知识产权保护提出了新的要求。在新形势下，欧盟层面及其成员国层面的知识产权保护制度有必要进一步现代化，以使欧洲范围内有关知识产权保护的规定能够更好地适应这种变化，提升欧洲经济的竞争力。新战略的目标是努力促进改革创新，保护创作者的权益，同时让消费者更好地享受到受知识产权保护的商品和服务。

尽管欧盟认为自己目前在知识产权保护方面的法律框架运转良好，但在新的数字化环境中，有必要创建更高效、简化的体制，以适应新情形的需要。该战略推出了诸多举措，以促进欧盟的经济增长、文化多样性保护和国际竞争力，为消费者提供多样且一流的产品与服务。

确保欧洲单一市场中对知识产权的正确保护是发展欧洲经济的关键。一方面，欧洲经济的进步依赖于新创意和新知识，如果知识产权不能得到合理保护，创新就不会得到投资；另一方面，消费者和使用者需要获取文化信息。在这种需求的带动下，新的商业模式不断涌现，文化多样性亦日渐繁荣。在欧盟范围内实现的知识产权保护就是上述两方面间的平衡，使欧洲的知识产权构架既能够保障企业和民众的权益，也适用于网络环境以及推动创意的全球竞争。

欧洲国家的知识产权保护，仅在一定范围内部分地在欧洲层面上实现了统一协调，大量涉及知识产权的规定仍然存在于成员国层面上，这在一定程度上阻碍了商品与服务的自由流通，尤其是在技术发明的影响下，网络与创新商业模式的发展日益凸显了这样的阻碍。网络是没有疆域边界的，而知识产权的保护若仍然限定在国界范畴内，将难以适应时代环境的需求。

欧盟在信息产业和电子商务的发展仅次于美国。欧盟对第三方交易平台在用户侵权时的法律责任问题规定较为全面的主要是《电子商务指令》。该指令规定，在信息社会服务的提供限于通过通信网络传输服务获取者的信息时，服务供应商在满足相应条件的情况下，对其应其他服务获取者的要求，出于日后更有效地传输信息的唯一目的，而对所传输信息进行自动、临时性和过渡性的存储不承担责任；在信息社会服务的提供限于存储信息获取者提供的信息时，信息社会服务供应商在不知违法或已知违法但迅速采取补救措施时，不对应信息获取者的要求而存储的信息承担责任。

此外，对于服务供应商的民事和刑事责任，该指令规定了不同的认定标准。《电子商务指令》规定，服务商只要不是"明知"违法的行为和信息，就可以排除承担刑事责任的可能。但对于民事责任而言，《电子商务指令》规定服务商就事实或情况的了解程度只需达到较低的标准即可，此时行为或信息的违法性通常是显而易见的（"推定已知"）。《电子商务指令》第14条第1款b项规定，如果服务者知道内容或信息违法之后能够迅速移除或禁止访问侵权信息，就可以免除责任。此外，还规定，服务供应商对其传输或存储的信息合法性不承担监督义务。

（三）我国

1. 知识产权保护体系

我国的知识产权法律保护，自改革开放以来，已经获得了较大的发展和完善。著作权法、商标法、专利法和反不正当竞争法等法律的制定和实施，标志着我国知识产权法律体系的基本建成。

按照智力活动成果的不同，知识产权可以分为著作权、商标权、专利权、发明权、发现权等。对于上述知识产权，我国《民法通则》第五章第三节作了明确规定。此外，我国还制订了《著作权法》及其《实施条例》、《商标法》及其《实施细则》、《专利法》及其《实施细则》、《科技进步法》、《农业技术推广法》、《发明奖励条例》、《自然科学奖励条例》、《科学技术进步奖励条例》、《计算机软件保护条例》、《实施国际著作权条约的规定》、《知识产权海关保护条例》等法律法规及一系列部门规章。

知识产权国际保护的主要形式是通过订立多边条约、双边条约、国际公约、地区性条约等来实现缔约国之间的知识产权保护。目前，影响比较大的条约或公约主要有：《世界知识产权组织公约》《世界版权公约》《保护文学和艺术作品伯尔尼公约》《保护表演者、唱片制作者和广播组织的国际公约》《保护录音制品制作者防止未经许可复制其录音制品公约》《关于播送由人造卫星传播载有节目的信号的公约》《录像制品国际注册公约》《保护工业产权巴黎公约》《制止商品来源虚假或欺骗性标记马德里协定》《商标国际注册马德里协定》《工业品外观设计国际保存海牙协定》《商标注册用商品和服务国际分类尼斯协定》《建立工业品外观设计国际分类洛迦诺协定》《专利合作条约》《商标注册条约》等。我国已经加入了部分条约或公约，这些我国已经加入的条约和公约，也同样是我国知识产权法律保护体系的重要组成部分。

在理论研究中，有些学者把知识产权分为两大类：工业产权和著作权。在《保护工业产权巴黎公约》中，工业产权的保护对象是专利、工业外观设计、商标、服务商标、商号、产地标记或原产地名称等。该公约还规定：工业产权应做最广义的理解，不仅适用于工商业本身，而且也应同样适用于农业和采掘工业以及一切制成品或天然产品。我国的工业产权主要是指专利权和商标权，而著作权就是指版权。

2. 我国应对信息网络的策略

为了应对互联网的发展对知识产权法律保护机制的影响，在立法、行政和司法层面，都做了各种创新。在立法层面，我国对知识产权保护相关法律法规和司法解释进行了全面修改，如 2001 年《计算机软件保护条例》（以下简称"《条例》"）的制定及 2011 年、2013 年的两次修订。2011 年修订的原因在于寻求我国知识产权保护中的利益失衡，进行适度保护。2013 年的修订，将软件著作权的保护期由过去的 25 年提高到 50 年；借鉴国际知识保护公约相关条例，将出租权作为一项新的专有权赋予计算机程序作者；《条例》为适应网络时代的特性，增加了网络传播侵权的行为的认定；明确并加大了对侵权的法定赔偿的数额，每个侵权软件作品的赔偿额为 5000 元至 50 万元不等；软件著作权登记制度也将有所变动；另外，新《条例》对用户使用未经允许的软件的法律性质问题做出了进一步的明确。2013 年的修订体现了遵循著作权法原理、结合计算机软件特点和从我国软件产业发展的实际水平处罚这三大原则，首要目的是修改现行条例与世界贸易组织《与贸易有关的知识产权协定》及 WTO 有关规定不一致之处，使计算机软件保护条例更具科学性、可操作性和前瞻性。

2001 年《著作权法》的修订规定了信息网络传播权，随后 2006 年《信息网络传播权保护条例》的出台将信息网络传播权细化，并明确了信息网络中著作权侵权的"通知 + 删除"规则，该规则在 2009 年的《侵权责任法》第三十六条中得到了进一步的确认，与美国《数字千年版权法》确定的规则同步。

目前，《著作权法》正在进行新一阶段的修订，亮点有四个：一是明确了信息网络传播权与播放权的界限；二是增加了对"孤儿作品"的相关规定；三是增加了对信息网络服务提供商的法律责任（已经写入《信息网络传播保护条例》）；四是增加了技术保护措施和权利管理信息。此外，《著作权法实施条例》也于 2013 年进行了相应修订。

我国知识产权制度的立法创新在立法精神、权利内容、法律救济手段等方面更促进了科技进步和创新，同时与世界贸易组织《与贸易有关的知识产权协定》以及其他知识产权保护国际规则一致。2006 年 12 月 29 日，全国人大常委会表决通过中国加入《世界知识产权组织版权条约》和《世界知识产权组织表演和录音制品条约》，这将使我国的互联网版权保护水平得到进一步的提高。

我国的知识产权行政管理结构如表 1 所示:

表 1　中国知识产权行政管理结构

知识产权种类	行政管理部门
著作权	国家新闻出版总署（国家版权局）
专利权、集成电路布图设计专有权	国家知识产权局（及其所属专利局）
商标权	国家工商行政管理总局（及其所属商标局）
不正当竞争（商业秘密）	国家工商行政管理总局（及其所属公平交易局）
原产地标记（地理标志）	国家质量监督检验检疫总局
农业植物品种权	国家农业部
林业植物品种全	国家林业部
网络域名	国家工业和信息化部
其他事项	由国家商务部、科技部、海关总署、公安部等部门联合执法

在司法层面，自 2001 年中国加入世贸组织以来，最高人民法院共制定和修订了涉及专利、商标、著作权、植物新品种、集成电路布图设计、技术合同、不正当竞争等方面知识产权司法解释 18 件。同时，还通过各类批复等指导性文件，依法明确了知识产权保护的具体司法原则和标准，及时解决了一些较为突出的法律适用问题，完善了知识产权诉讼制度。

三　电子商务环境下的知识产权的保护与利用平衡

（一）传统知识产权的理念

互联网时代知识产权保护的理念需要创新。寻求互联网时代知识产权保护的利益平衡。知识产权制度的设立基于双重目的，即在激励创新的同时，促进技术、知识和信息的交流与利用。因此，保护知识产权，应当注重在权利所有人、社会公众二者之间寻求最佳利益平衡。而在互联网时代，知识产权保护除涉及权利所有人、社会公众外，还有网络服务提供者，因此，应当关注权利所有人、网络服务提供者及社会公众三者利益之间的平衡。其中，对于网络服务提供者的利益考量涉及网络空间的发展，对于社会公众利益的考量涉及网络资源的公共使用、公共创新空间、言论自由等公共利益。

传统知识产权保护通过授予权利人以专有权并对其设定一些限制制度而实现利益平衡。这些限制制度和规则有实现社会公共利益的功能，但若限制水平过严，又不利于保障权利人的隐私权及其应带来的相关利益，所以限制制度的范围、条件、内容等应严格确定，尽量照顾好各种利益的平衡，相关的限制制度从国内法和国际法来看，主要有时间限制、合理使用、法定许可、强制许可、权利穷竭等制度。

（二）信息环境下的知识产权保护理念变革

信息网络的理念是分享、交互、快速迭变，所以传统的知识产权制度在信息环境下存在过于保守、阻碍创新的弊端。信息环境下的知识产权保护需要注重利益平衡问题。

知识产权制度在英国的最初创立是受当时社会的政治结构变化、经济、技术发展要求最终形成的，这些因素，同样也影响着知识产权制度的发展。自20世纪下半叶以来，以微电子技术、生物工程技术与新材料技术为代表兴起了一场新的技术革命，随之带来的科技发展日新月异。随着知识经济时代的到来，科技对社会、经济发展的影响更加突出，对知识产权制度也要求有新的发展。它使知识产权保护的种类越来越多，如计算机软件、电子数据库等。对知识产品新的使用方式也使知识产权的权能需要增加，如著作权领域的信息网络传播权、计算机软件、电影作品等的出租权等。并且新技术的发展使知识产品的使用在技术成本上日益低廉，传播和使用方式也相当便捷。如作品的复制、传播、商标标识的生产、模仿等相当方便。如此种种影响也推动知识产权保护制度相应的发展，使变革对利益的变化调整到新的平衡格局。传统知识产权限制制度随之也产生了新的变化，主要是对限制制度进行限制以实现新的利益平衡。

合理使用是对知识产权权利人限制最严格的一种制度，新技术的发展使复制、发行作品的成本相当低廉，这就使许多西方国家重新审视合理使用制度，主要是限制它的适用，如在传统的合理使用范围内也开始征收各种费用，如复印版税、录制版税，并将其分配给权利人。法定许可使用的范围逐渐扩大，新的传播方式的出现要求对一种传播方式的许可也可以扩展到新的其他传播方式。同时传统合理使用的某些类型也转变为法定许可使用，如自20世纪70年代以来，德国、英国、瑞典、荷兰、澳大利亚等国家创立了一种公众借阅权，规定图书馆在出租有著作权的图书时，应向作者支付借阅版税。不少国家还规定个人使用复制和家庭录制应向作者支付费用。强制许可使用在著作权领域从国际上来看照顾了发展中国家的社会整体公共利益，如复制权与翻译权的强制许可，但限制条件逐渐严格。在专利权领域，各国国内立法和有关国际公约规定的适用条件也十分严格，比起第一专利之权利要求书所覆盖的发明，应具有相当经济效益的重大技术进步。对权利穷竭制度也制定了新的限制制度。在著作权领域许多国家已经规定了出租权制度。由于电子传播技术的发展，对作品的使用出租大有取代出售、购买的趋势，以致严重影响了著作权人的经济利益，使权利人通过控制出租权以弥补权利穷竭所损失的经济利益。在专利领域，权利穷竭其效力也限制在本国地域范围内。相应地含有专利的商品的进口权仍由专利权人控制，未经专利权人许可的平行进口被许多国家视为违法。从以上的分析可以看出，在新的技术革命的时代条件下，传统的知识产权限制制度出现了反限制的趋势，原有的利益平衡机制因新的变化被打破，将要被新的利益平衡机制所取代。

  总之，知识产权制度是一种利益平衡的制度。它要注重保护权利人的私权，但也需兼顾其他传播者、使用者和社会公共的利益。它是在具体的社会现实中创立和发展的，又要受到政治、经济、科技、文化各种因素的影响。随着时代的发展，社会的各种因素也决定了知识产权保护制度需要做出相应的调整，人们应不断寻求建立新的利益平衡机制，使该制度能合理地发展，更好地促进社会经济、科学、文化的共同发展。

四 电子商务平台知识产权保护工作概况

2016年，平台治理在政企联动、消费者保障、权利人服务等方面取得重大突破的同时，也重点关注权利人恶意投诉、买卖双方虚假交易等破坏市场公平性的违法、违规行为。

平台治理侵权主动拦截效果不断提高

主动防控系统，是平台治理知识产权保护的重要手段。随着权利人品牌知识不断输入、平台治理主动防控技术的进步，平台治理主动拦截疑似侵权商品能力也不断提高。2016年全年，平台治理主动拦截、删除商品量是权利人投诉删除商品量的26倍。

诚信投诉方维权更为积极、准确

阿里巴巴在知识产权问题上坚持社会共治，鼓励权利人积极、准确地投诉，为诚信权利人知识产权维权提供便利。相关数据显示，2016年IPP平台中诚信投诉方投诉较普通投诉方更为积极、准确。诚信投诉方账号数是普通投诉方的1/41，投诉量是普通投诉方的29倍，申诉成立率为其1/20。

2016年阿里巴巴线下打假查获案值比2015年翻一番

2016年，阿里巴巴平台治理线下打假取得丰硕成果。截至12月2日，平台治理共向执法机关提供线索1184条，协助警方抓获犯罪嫌疑人880条，捣毁涉假窝点1419个，破获案件涉案总金额超30亿元。其中，2016年破获案件涉案总金额是2015年的2倍。

线下打假挑战：制售假出现境外生产、境内销售新形态

平台治理在线下打假过程中，发现制售假产业链出现"境外生产，境内销售"现象。2016年，"打假特战队"协助警方破获了一起假冒润滑油案。这起案件与以往的"境内制假，境外出售"不同，该案假冒润滑油产自马来西亚，经班轮运输至国内各个港口，再通过多种渠道销往全国各地。

食药监管的效能

徐伟红[*]

浙江省食药监局

浙江省是电子商务大省,起步最早、发展速度最快。以阿里巴巴公司旗下的天猫、淘宝为代表的第三方电子商务平台构成了国内最大的电商市场,其中保健食品、化妆品在全网市场份额中占比达60%,具有较大市场影响力。为营造良好的网络销售环境,保障消费者的健康,浙江省食品药品监督管理局通过强化制度建设、完善准入措施、创新抽检模式、线上线下互通等手段,提升了电商监管水平,取得了明显成效。

一 落实平台全过程管理责任

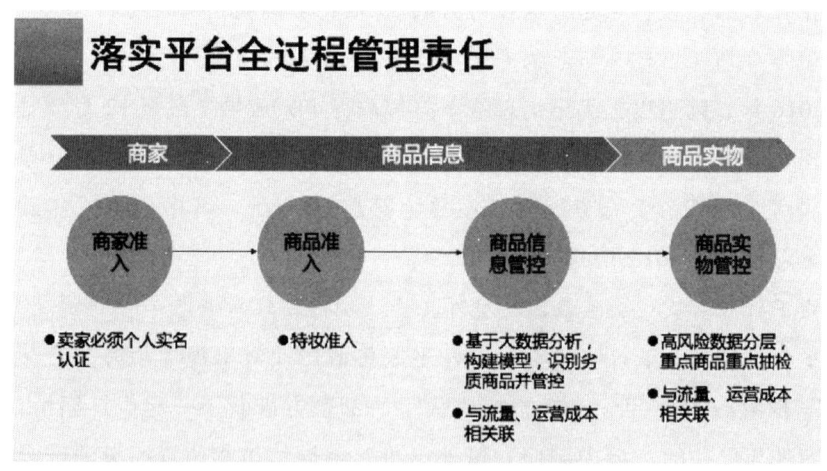

图 1 落实平台全过程管理责任

---

[*] 徐伟红,浙江省食品药品监督管理局。

平台作为市场的举办者，也是利益的获得者之一，因此平台应该是网络市场监管的关键责任方之一。在网络经营保健食品、化妆品监管法规缺失的情况下，浙江省食品药品监督管理局出台了国内首个网络销售规范——《浙江省规范保健食品化妆品网络销售行为指导意见》，明确了网络产品实际经营者的产品采购、产品信息发布和产品销售负面清单；将平台管理者作为关键责任方，要求建立相应的产品质量管理机构和管理制度，落实事前、事中、事后全流程管理措施。

我们会定期到阿里巴巴等平台企业，宣传政策法规、进行指导和督促。尤其是督促他们采取全程管理措施。比如食品生产企业必须要有生产的相关许可和商品准入流程；若化妆品是进口产品，要有经过国家药监总局专门批准的进口产品批件。食品、药品和化妆品，都是与人体健康直接相关的产品，按照国家政策规定，都有强制的准入要求。化妆品在上市前是需要通过相关安全检测的，经过专家评估以后，每一个产品都得到相关的批准，才能够上市。2016年6月，我们明确要求省内第三方电商平台将国产非特殊用途化妆品备案情况全面纳入准入条件，倒逼企业自觉履行备案义务。2016年6~10月，全国申报备案化妆品16万件，备案产品环比增长达50%。我们进一步地帮助平台解决工作难点，协助他们与国家药监总局的数据库对接。把国家数据库直接开放给第三方电商平台，这样就可以直接、快速地调用相关信息。第三方电商平台，因此有能力更加精准地做好上市的准入工作。

夸大宣传、虚假宣传问题，是监管中特别需要注意的问题。网页上真实可靠的信息是确保产品合规、避免欺诈的重要条件，为此我们督促浙江省内电子商务平台做好产品准入审核工作，要求将保健食品、化妆品注册（备案）情况纳入网售商品准入条件，避免无有效批件或与批件不符的产品上市销售。我们指导和支持阿里巴巴公司开发了"自动校验"和"标题发布自动预警"两大系统，若商家发布无审批文号或文号过期的产品，使用夸大、医疗术语等违规词汇，系统将自动识别、拦截和预警，提高了准入管理水平和效率。抽样调查显示，自该平台"自动预警系统"上线以来，化妆品违规宣传比例下降了35%。

我们将识别出来的有风险的产品，纳入他们平台的抽检过程，如果抽检中发现问题,根据危害程度不同,督促对店家采取有力的处置措施,进行扣分等相应处理,同时将处理与网店流量分配多少和运营成本直接关联。

二 主动管控和神秘抽检

图 2 主动管控和神秘抽检

网络销售市场规模大,监管需要手段创新。监管部门学习电商平台的做法,对平台上的一些商家自动监测和商品抽检,也取得了非常好的效果。

通常在线下进行商品检查时,即在实体店抽检,要对方确认商品,并出具相关法律文书、当场签订。而对于线上商品,如果我们以单位名义去抽检,店家一般不会卖给我们,所以我们采取了以个人名义购买商品,再把这个商品购买的页面和支付页面通过截屏方式留存,在快递收到的前后拍照,以这样的方式保全信息,再送到检测机构进行检测,确定生产单位,发现问题进行分类处置。如果是本地企业生产的商品,还可以此作为具体线索,再对线下进行监管,同时对网上销售的店家也会进行相关处理。截至 2016 年底,浙江食品药品监督管理共"神秘抽检"保健食品化妆品 440 批次,发现违规产品 36 批次,均已完成调查处置,并要求相关平台删除违规产品。2016 年 10

月1日,"神秘抽检"工作方法已由国家总局正式实施的《网络食品安全违法行为查处办法》正式认可和确立。

三 线上线下融合的精准监管

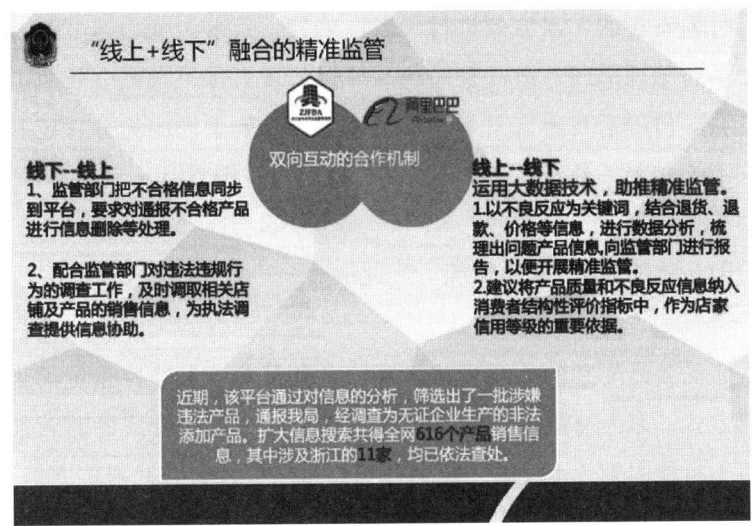

图3 线上线下融合的精准监管

为了突破传统抽检处置的局限性,更大范围地净化市场,我们与相关电商平台开展了数据共享,积极探索精准治理模式。

一方面,加强线下问题的线上处置。

2016年开始,与阿里巴巴平台达成一致,定期将总局和省级抽检发现的不合格保健食品、化妆品信息同步通报该平台,该平台根据通报的相关信息,及时采取全平台商品下架或删除等措施,进一步提升了保健食品、化妆品网络销售的监管水平。2016年,我们共通报不合格保健食品、化妆品528批,其中根据最新一期通报了50批次的不合格面膜产品信息,该平台删除了350件商品信息。

另一方面,利用线上信息推动线下监管。

有效利用电商平台基于真实交易和消费者评价形成的数据资源,分析、发现问题产品的线索,要求阿里巴巴等平台通过消费者评价、产品退货退款等信息开发数据分析模型,梳理问题产品信息,并由平台安排抽检,再将结果通报我们。2016 年以来,阿里巴巴平台已主动向我们通报了 14 件违规产品线索,其中近期通报的"派美"品牌六款美白祛斑产品存在汞超标、标示虚假特殊许可证号等问题,经调查发现该祛斑产品为虚假企业生产的非法添加产品。通过全网排查,共发现阿里巴巴全平台 616 家店铺信息,涉及 18 个省份,目前已对查实的 3 家店铺进行了依法处置,其余店铺信息通报相关省市食品药品监督管理部门。浙江食品药品监督管理就保健食品、化妆品网络经营监管工作,向国家食药监总局进行了汇报,得到总局的充分肯定和高度重视,并同意向相关平台开放产品数据库,供平台直接调用。

四 理想的食药安全治理体系

现在食品药品受到的关注度比较高,尤其是关于互联网渠道的。通过传统的监管方式,靠人海战术发挥不了最大作用,大海捞针式的监管的确没有效率,也不可能起到规范经营主体的作用。市场、社会和政府三方需要协同。市场要发挥决定性作用,而非补充作用。作为政府来说,应把相关的规定和标准制订好,通过平台的方式,督促经营者,让经营者作为第一责任人来落实这个问题。另外,要建立社会公众、消费者等各方共同参与的社会共治机制。通过市场、社会、政府三方的良性互动,才能更好地实现保障食品、药品安全的治理目标。

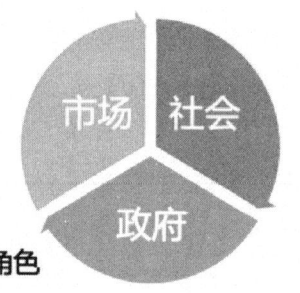

图 4 理想的食品药品安全治理体系

竞争政策的导向

张晨颖[*]

清华大学法学院

一 寻找适应互联网经济发展的竞争政策

（一）对于平台的认识

对于平台的认识，既有非常多的感性认识，也有一些理性的讨论。既从效率出发，也考虑到了外部性。这既包括正外部性，也包括负外部性。对于平台的中立性、开放性，一般认为平台是具有自我净化功能的，但自我净化一定是在某些条件下才能实现的，否则不会出现现在大家遇到的一些问题。这类自驱性的实现，需要建立在竞争的前提下。目前种种问题对现行法规产生了非常大的挑战，所以一定要先认识什么是互联网，以及什么是平台经济，之后才能再讲法律以及规制问题。为什么还会出现要么是该管的不管，要么是乱管的情况？因为这与法律本身天然的保守性质是相关联的。最常见的一个问题就是风险意识变强。如今市场上，有很多案子与互联网以及平台经济有关，比如，优步和滴滴的合并，虽然存在技术上的问题，但是不能否认的是理念上的问题。在有可能影响立法和价值判断的时候，对于平台的准确认识就更为重要。

（二）互联网和平台经济情景之下，竞争政策的目标

第一，在讨论经济政策目标的时候，视角非常关键。应该在全球化的视角下去考察平台，因为平台已经打破了过去我们特别强调的在地域上的限制，所以格局就显得更大了。平台的实质需要被重新认识和清晰界定。

---

[*] 张晨颖，清华大学法学院副教授。

第二，关于竞争政策的相关议题，主要应该讨论什么？传统竞争政策关注的重点领域与我们今天所关注的领域大不相同，社交的、通信的、文化的领域等都是新业态。这些领域的竞争政策讨论正如火如荼。在反不正当竞争上，互联网平台的案例带来了本质性的颠覆，比如对相关市场的认识，像大众点评诉百度的案子，它们之间不考虑有产出的行业之间的关联性，而主要考虑有限的需求这样的关系。

（三）互联网和平台竞争的原则问题

对于竞争政策要考虑两个方面：第一是平台彼此之间的竞争关系；第二是平台和传统产业之间的竞争关系。在第一个竞争的维度上，原有的商品和地域的划分被打破了，有人会谈相关市场是不是不用再界定了，以前我们谈到这个问题时，不管是反垄断还是反不正当竞争，都会想到相关市场。新的互联网公司并购案，我们还沿用以往的方式对待确实会受到挑战。但走到另外一个极端，会发现市场认定标准没有保护了，所以两种极端的方式可能都是不可取的。

处理平台和传统产业之间的竞争关系，应该用一种差异化的监管模式，核心就是以促进创新作为一个终极性的目标。无论是平台中立，还是平台是有责任的，这两点大家都没有完全否认。如果仔细思考下去，可能会出现一个边界，这个边界该如何划分，平台的工具性的作用到底体现在哪里？政府、平台和消费者都应承担相应责任，发挥应有作用，但是到底用一种怎样的逻辑来进行认定也是一个需要思考的问题。

（四）互联网平台法律制度

- 互联网本身特有的开放性与竞争关系之间存在矛盾

在我们实践的案件中，时常发现这种情况。一个平台可能拒绝它的竞争者访问它，或者是使用它的资源。怎么样既保护平台应有的商业利益，同时维护平台的原本的开放本质，值得重视。此外，平台的高效性和监管之间存在张力。在支付上 1 秒钟能达成 17.5 万笔交易，这个量级已经超过了人们原有的理解和想象，如何进行监管确实存在非常大的挑战。

● 平台本身的创新性和法律的保守性之间存在矛盾

站在本国治理角度来看，我们是一个成文法国家，而成文法天然的毛病就在于其灵活性不够。因此，我们很多的法律制度都有兜底条款，即通过所谓其他，或者找一个人来认定。这样一种立法模式广受诟病。行业以及市场是瞬息万变的，不是一个保守的法律界人士轻易可以理解的。但同时我们需要法律有预见性，特别是在互联网创新的时代背景下。

● 法学价值和纯粹经济考量之间也存在矛盾

从纯粹经济考量看，我们可以说甲有损害，乙因此而受益，于是得出一个结论是大于零还是小于零，但实际上我们不能通过简单的加减法来考虑和解决问题，特别是在竞争政策里面，这一点需要引起注意。

二　互联网平台的特点及市场支配地位认定的探讨

（一）互联网平台的特质

1. 交叉网络外部性

互联网平台普遍具有双边市场中交叉网络外部性。所谓双边市场，Rochet和Tirole给出的定义为，当平台向需求双方索取的价格总水平：$P = P(b) + P(s)$ 不变时［$P(b)$ 为用户 B 的价格，$P(s)$ 为用户 S 的价格］，任何用户方价格的变化都会对平台的总需求和交易量产生直接的影响，这样的平台市场称为双边市场。Armstrong 在此基础上，进一步将双边市场的间接外部性纳入考量，认为双边市场具有如下特性："两组参与者需要通过中间平台进行交易，并且一方的收益取决于另一方参与者的数量"。譬如在搜索引擎的平台中，平台企业一面为广大网民提供免费的搜索引擎服务，一面对利用搜索引擎发布广告的企业收取相应的费用，其在广告市场上获得的吸引厂商的数量及收益往往取决于在搜索引擎市场上吸引的用户的数量。

平台市场最典型的特征之一即所谓的网络外部性。网络外部性是指一个产品的经济效益会随着用户的增加而提高，最典型的即电话市场。

而所谓双边市场的交叉外部性是指，一方用户的数量将影响另一方用户的数量和交易量，换个角度说，即平台厂商一边用户数量的增加会带来另一边用户效用的提高。也正是由于这种外部性的存在，在双边市场中，平台与双边用户间、双边用户互相之间均存在很大依赖性，只有双边用户同时对借助平台提供的产品（类型可能不同）产生需求时，平台提供的产品和服务才具有价值，其价值的提升同样也取决于另一边市场上用户规模的增长。

2. 定价策略的特殊性

双边市场的定价策略与单边市场具有很大的不同。具体而言，在双边市场条件下，某边用户的需求价格弹性和对产品的差异化需求越高，间接网络外部性越强，平台就倾向于对该边用户收取较低的价格。因此，从总体上看，平台对某边用户所收取的价格并未遵照价格等于边际成本的原则，而是综合考虑了 $P = P(b) + P(s)$，在双边市场的用户间进行合理分配。

同时，由于交叉外部性的存在，双边市场上的提价行为也会产生区别于单边市场的影响。在某边市场上提高价格不仅可能降低该边用户对平台产品或服务的需求度，而且或通过交叉网络效应导致另一边用户的需求度降低。这种反馈机制，使平台企业在运用市场势力提高用户价格时可能需要再三思量。

3. 市场集中度

互联网平台具有双边市场，因为网络效应、用户黏性等特征使用户数量不断增多，由于政策等原因，网络型互联网平台往往具有较高的市场集中度，因此，一个成功的产品非常容易聚集起一批用户。互联网平台的高市场集中度也给传统的产业规制与竞争政策带来新的冲击。

以社交软件为例，尽管用户在社交软件的使用中表现出非常明显的多项使用（Multi - homing）功能，因而仅从使用频率的统计当中无法准确看出各个软件的市场份额。但可以肯定的是，排名第一位的QQ空间就拥有超过一半的使用率，其依托QQ这一平台所聚集起的忠实用户，是此后出现的微博、人人网等平台短期之内不能比的。

（二）互联网平台企业市场支配地位认定困境

在传统行业领域，有三种认定市场支配地位的标准：一是市场结果标准，即根据企业在市场上的赢利程度来认定；二是市场行为标准，即根据企业的市场行为是否受竞争对手的市场行为影响来认定；三是市场结构标准，即依据企业在相关市场的市场份额大小来认定。由于市场结果标准和市场行为标准在实务中的可操作性不强，所以反垄断法往往更适用于市场结构标准。欧盟、德国、日本等国家或地区的反垄断立法或司法都对市场结构标准予以认可。

我国《反垄断法》第19条规定："有下列情形之一的，可以推定经营者具有市场支配地位：（1）一个经营者在相关市场的市场份额达到二分之一的；（2）两个经营者在相关市场的市场份额合计达到三分之二的；（3）三个经营者在相关市场的市场份额合计达到四分之三的。有前款第二项、第三项规定的情形，其中有的经营者市场份额不足十分之一的，不应当推定该经营者具有市场支配地位。被推定具有市场支配地位的经营者，有证据证明不具有市场支配地位的，不应当认定其具有市场支配地位。"由此可见，我国反垄断立法认定市场支配地位时也采纳了市场结构标准。

利用市场结构标准认定传统行业的市场支配地位问题不大，但对于新兴的平台企业，单纯利用市场结构标准认定市场支配地位，则会出现诸多弊病。在互联网平台，由于网络效应与锁定效应的存在，市场极易形成寡头垄断，市场份额数值对竞争的影响力减弱；产品更新换代速度快，主要依靠技术创新来引发和实现新一轮产品换代，市场结构处在剧烈变动之中。

1. 界定相关市场的难题

传统相关产品市场的界定方法不能普遍使用。传统相关产品市场理论认为企业竞争依靠独立的产品或服务，而互联网企业竞争依靠的是整个业务平台。平台是基于一种或多种业务聚合起来、能够吸引一定规模且相对稳定的用户群。不论是网络广告还是增值服务的收入，最根本的吸引力来自使用该平台的用户规模，而不是平台本身。互联网企业之间竞争的直接目标不是短期内的金钱利润,而是庞大而稳定的用户资源。

由于相关市场界定是确定支配地位的前提,因此相关市场界定中的难题也直接造成了市场支配地位确定时的困难。

2. 互联网深受网络外部性影响,非结构性因素成为企业市场力量的来源

互联网产品对某一消费者的价值通常依赖于该产品其他使用者的规模,这种特点被称为网络外部性。其他用户对某一互联网产品的使用,对消费者而言是一种正外部激励,这种正反馈机制,借助用户自身的关系圈、人脉网,如"滚雪球"般,用户规模逐渐扩大,最终可能出现"胜者全得"的结果。更为重要的是,在技术不相容的条件下,某件互联网产品占领市场也就意味着其所代表的互联网技术占领了市场。对于竞争者,该项技术成为进入市场的壁垒,如果该项技术成为市场标准,技术壁垒的阻碍作用将更为明显;而对于下游交易相对人,该项技术则成为进入市场的关键设施。

此外,互联网企业还可以通过增加互补产品增强网络外部性,使产品对用户产生更大黏性。一旦用户被锁定,成为该互联网产品的忠实支持者,其他竞争者便很难撬动该部分用户群,因为对消费者而言,从一个极具黏性的互联网产品转移到另一个崭新而陌生、没有任何关系的互联网产品成本较高,因而消费者的倾向往往是不转移,即便新产品优越于其已经被绑定的旧产品。

3. 寡头垄断的市场结构常态对市场结构标准形成挑战

互联网平台市场由于网络外部性、用户锁定效应等原因,先进入该市场的平台企业往往较易获得优势地位,迅速上升为占据较高市场份额的领域佼佼者。以人们经常使用的互联网平台的市场份额为例,2013年第一季度,在即时通信服务市场中,排在前三位的腾讯QQ、阿里往往飞信、歪歪的市场份额分别为86.9%、5.6%和2.3%;在B2C购物市场上,排在前三位的天猫、京东商城、腾讯电商的交易规模市场份额分别为51.3%、17.5%、6.8%。由此可见,互联网平台市场的寡头垄断结构特征较为明显。

为何寡头垄断的市场结构对市场结构标准能够形成挑战?原因在于,互联网市场中某一企业的高市场份额并不必然与企业对整个市场的控制力挂钩。反垄断法的关注焦点更多在于拥有较高市场份额的互联网企业是否具有阻止

其他企业进入相关市场的能力，以及应对来自另一个市场主体有效挑战的能力。一个互联网企业目前的市场份额不高，但如果研发出具有明显创新优势的新产品，则完全可能凭借该产品吸引大批消费者并进而赶超寡头垄断者，成为互联网平台市场的新宠。由于潜在竞争的存在，市场份额并不能准确反映一个互联网平台企业的实力。在美国诉斯渝梵公司垄断案中，联邦第九巡回上诉法院认为："斯渝梵公司虽然拥有很大的市场份额，但是该市场份额对认定市场支配地位没有重要意义。在判断市场支配地位的时候，不是看市场份额，而是要看企业是否具有维持巨大市场份额的能力。"如果互联网平台市场仅以传统的市场结构标准认定占据高市场份额的企业具有垄断地位并对其进行处罚，开发出创新产品并获得显著市场份额的互联网企业则承担过多义务，这显然有悖于反垄断法促进创新、提高经济效益的宗旨。

4. 互联网平台动态市场结构使市场份额推定遇到难题

互联网平台市场的寡头垄断结构并不意味着竞争不激烈。相反，由于互联网平台技术不断推陈出新，市场竞争往往相当激烈，并呈现出垄断与竞争"你中有我、我中有你"的"新垄断竞争"市场结构特点。

互联网平台的动态性竞争特点使互联网企业对高市场份额的拥有往往具有短暂性。以 2004~2013 年搜索引擎市场的企业市场份额变化为例，2004 年，百度、雅虎、谷歌三家公司的市场份额分别为 33.1%、30.2% 和 22.4%；2005 年，各自的市场份额变为 46.5%、15.6% 和 26.9%；2009 年，数字变为 63.9%、1.0% 和 32.5%；2013 年 7 月，这一数字又变为 67.71%、0.62% 和 2.05%。可见，雅虎的市场份额急剧下降，其不具备市场支配地位。如果按照传统市场份额推定法，2004 年百度、雅虎和谷歌三家公司的合计市场份额超过市场总额的 3/4，且雅虎自身的市场份额远超市场总额的 1/10，应当被认定为具有市场支配地位。但显然，这样的认定是不符合实际情况的。

技术的快速发展、产品的更新换代，都使平台的垄断者相比其他传统行业的垄断者要小心翼翼得多。一时的高市场份额不能保证企业具有长期的市场影响力，甚至不能保证企业能够长期存活，如果企业不与时俱进、锐意创新，今天的 IT 巨头就有可能在一夜之间濒临破产。因此有学者称，互联网平台的经营者是"脆弱的垄断者"。

市场结构的特殊性要求互联网平台的市场支配地位认定不应是静态的，而应是动态的；不仅要权衡产品因素，还要考虑时间维度；不能仅仅计算市场份额，还要评估市场进入壁垒。

5. 产品边际成本递减现象的作用

对于传统行业而言，其产品的边际成本有着先递减后递增的规律。而互联网产业的产品主要是以计算机技术为主的知识产品，在技术开发阶段，研发投入较大，而一旦获得技术突破，研发出新技术、新产品，在经过一系列推广后打开了产品的销售市场，成本便陡然下降，其中的复制成本几乎可以忽略不计。在此种情况下，销售量越多，平均成本越低，体现出边际成本递减的规模经济效应。互联网企业在销售前期往往通过低价策略，吸引大批消费者使用新产品，该产品的用户数量越多，对消费者的锁定效应就越强。当消费者退出使用该产品的成本高于选择替代品的收益时，该企业在相关市场便具有了绝对优势地位，换言之，企业获得了市场支配地位。互联网市场的这种特性和运作模式，给互联网平台企业市场支配地位的认定工作带来了新的思考和挑战。

（三）互联网平台市场支配地位之认定

综上所述，互联网平台市场支配地位的认定需要提出新的方案。笔者尝试从市场份额和其他方面提出认定互联网平台市场支配地位的建议如下。

互联网平台市场支配地位认定的一般要素——市场份额推定法

虽然市场结构标准在互联网平台的反垄断适用中显得有些格格不入，但这不能说明它对互联网平台完全不适用。笔者认为，不同于传统产业中以市场份额为测算对象，认定互联网平台的市场支配地位，应以用户数量和用户黏性为测算对象，其中，以用户数量为主，以用户黏性为辅。

由于互联网平台的用户数量难以进行面对面、一对一测量，所以应该通过间接方法进行统计，常见的有注册帐号、下载数量和装机数量等。

（1）活跃注册帐号

对于需要注册才可以使用的互联网产品，如即时通信软件、电子邮箱等，活跃注册帐号数量可以作为测度市场份额的主要因素，因为一个用户往往只会注册一个帐号。虽然不能排除一个用户注册多个帐号的情况和多个用户使用同一个帐号的情况，但由于这两种情形的数量相对较少而且两种情况本身可以正负抵消，所以这一部分可以不纳入考量范围。

因为实际生活中存在许多"僵尸帐号"，这些帐号自注册后就未被使用过，或者使用过一段时间后便不再使用，那么这些帐号对应的用户就不是真正意义上的互联网企业用户，自然不应被计算在市场份额之内。如何界定帐号是活跃注册帐号还是僵尸帐号？中国互联网络信息中心（CNNIC）研究报告里曾提到，"移动社交网站用户：是指最近半年内使用手机、平板电脑等移动设备访问过上述社交网站的网民"，"搜索网站渗透率＝半年内使用过某搜索网站的用户/总搜索用户数"。为了与 CNNIC 研究报告保持一致，笔者建议时间跨度应以半年为准，只要该帐号在半年内成功登录并进行操作，该帐号便是活跃的，超过半年不被使用，则不应被认定为是活跃注册帐号。

（2）流量

流量作为测度互联网平台市场份额的主要因素，主要用于搜索引擎、信息门户等无须注册而且主要基于浏览器进行访问的网站。一个网站流量统计的指标包括独立访问者数量、重复访问者数量、页面浏览数以及每个访问者的页面浏览数等。经查阅相关专业文献，笔者认为，可以通过 IP 地址确定独立访问者数量，并将独立访问者数量作为测度标准。在欧盟 Microsoft 收购 Yahoo! search business 案中，欧盟委员会就以搜索引擎请求量以及竞价排名搜索请求量（流量的具体形式）等指标来计算市场份额。

（四）互联网平台市场支配地位认定的特殊要素

我们可以通过企业利润最大化的价格与边际成本的比率衡量市场支配地位，在方法上体现为勒纳指数、贝恩指数以及罗斯柴尔指数等。但在实践中，企业边际成本、需求弹性等信息较难获得，市场份额因而成为信息不充分背景下衡量市场支配地位的次优选择。这一选择通常基于这样的假设：市场份额大的企业通过提价增加利润的能力更高。但是该假设忽略了市场供给弹性和消费者需求弹性对市场供求的影响,因而其理论基础并不稳固。由此看来,市场份额等结构因素并非认定市场支配地位的最优选择,其对市场支配地位的反映也并不准确。

早在1953年,美国诉联合制鞋机器公司案中,法院就认为,除市场份额外,定价行为、企业学习优势以及产品差异化程度等非结构因素也是认定市场支配地位的重要事实。德国《反限制竞争法》第19条也规定,认定企业市场支配地位要特别考虑市场份额以及企业财力、进入壁垒、市场竞争状况等。国外诸如此类的案例和判决不再一一列举。可以肯定的是,非结构因素在立法和司法实践中已被确认、适用和检验,应当成为法官和反垄断执法者认定互联网平台市场支配地位的重要依据和考量因素。

1. 互联网平台的关键设施

关键设施指企业决定请求者能否进入市场的某项设施,该设施对请求者在市场上的活动必不可少,并且这些设施无法通过合理的方法进行复制。可见,关键设施不仅有利于请求者的竞争,而且对请求者竞争力是必不可少的。企业拥有关键设施,也就意味着拥有了在相关市场排除其他企业竞争的能力。核心技术是企业获得市场支配地位的"杀手锏",尽管某企业目前的市场占有率不高,但只要掌握了"杀手锏",其取得市场支配地位是指日可待的。

判定一个互联网平台是否拥有关键设施的前提,是对关键设施这一概念的把握和判断。在理论和实践中,判定关键设施的标准可分为主观标准和客观标准。主观标准认为,关键设施的形成与开放要符合公共利益,或者符合消费者偏好。主观标准虽然强调了关键设施的社会效应,但实际可操作性不强。真正能够在界定关键设施中发挥作用的,是客观标准。这一标准强调关键设施对关键设施拥有者、请求者以及市场竞争的影响。从客观标准的侧重点来看,该标准更符合反垄断法实践的精神和要求,从拥有者、请求者和市场竞争三方面加以考虑,考察面较为周全。

2. 互联网平台的创新能力

创新对于互联网平台的发展具有十分重要的意义,这一特点在与传统行业尤其是人力密集型产业、低端产业进行比较时尤为明显。笔者认为,创新在互联网平台发展中的重要性，可用以下几点理由加以解释和说明。

首先，互联网市场具有明显的竞争性垄断特征。互联网市场的新一轮竞争需要技术创新才得以发起，寡头垄断的市场结构常态需要技术创新加以突破。在技术创新的作用之下，市场竞争激烈，呈现出垄断与竞争"你中有我，我中有你"的局面。

其次，互联网平台是典型的技术密集型产品。在互联网平台市场，消费者更关注平台本身的品质，而非平台其他层面的因素。要想在互联网平台市场取得竞争优势，如果没有过硬的技术支撑，没有相较于其他平台突出的创新优势，即使逞一时之噱头吸引了一部分用户，也终将因为没有技术支撑、平台毫无亮点、用户体验一般而渐渐丧失用户群，竞争优势难以维持。

此外，互联网平台市场内极强的创新激励也是造成创新能力对互联网平台至关重要的一个原因。由于网络外部性的存在，潜在的竞争者只有拿出具有明显优势的产品才可能撬动寡头垄断者已经锁定的用户群，吸引广大用户花费成本将其转移到自己的新产品之上。只有产品具有创新优势，才能吸引大规模用户进行转移。对于垄断者而言，因为存在潜在竞争者的赶超威胁，所以垄断者也丝毫不敢懈怠，只有加大技术研发力度，不断推陈出新，走在市场和技术的前沿，加快产品更新换代的速度，持续提高产品质量，才有可能维持自己的市场竞争优势地位。

由此看来，互联网平台竞争的主要手段由规模经济让位于技术创新，技术创新能力已经成为企业的核心竞争力，创新能力才是新经济条件下互联网平台竞争或垄断的来源。

创新能力与市场支配地位联系的搭建主要依赖进入壁垒理论，这与关键设施理论有所不同。某些技术标准或者知识产权构成关键设施，主要强调的是互联网平台的市场纵向控制能力。而创新能力主要强调互联网平台研发投入以及产出对横向竞争企业造成的进入壁垒。因此，创新能力的强弱就体现为创新产出、投入对竞争者进入构成的壁垒高度。

具体而言，在评估企业的创新能力时，可主要从研发投入、知识产权两方面加以考量。通常而言，市场份额是互联网平台的输出结果，而研发投入位于平台生产要素的输入端,它关涉企业资源的优化配置。输入在很大程度上决定输出,没有源头的技术输入,互联网平台很难输出赶超其他平台的优质产品,在消费者是理性人的基础上进行思考,不难得出低市场份额的结论。相比市场份额,研发投入更能说明互联网平台的市场地位。

知识产权是互联网平台创新活动的产出,主要表现形式为专利。一个或多个互联网平台的专利数量、构成能够表达它在行业的话语权。由于互联网平台技术创新投资高、风险大,因此不少企业实施专利交叉许可。达成专利交叉许可协议的企业,市场力量将明显增强。在交叉许可的各项专利具有竞争性的情况下,协议行为还会降低甚至消除相关市场内的有效竞争,协议达成者进而获得垄断地位。只有通过技术创新,才有可能打破这种专利布局,突破技术壁垒。

3. 互联网平台的转移成本

消费者的转移成本和供应商吸引消费者转移到自己产品上来的成本,共同构成转移成本。转移成本的存在,使互联网平台对消费者的控制力增强,用户被锁定在某一互联网平台上,除非新平台具有强吸引力,这种吸引力可以抵得过转移成本对用户转移的阻碍,否则用户出于转移风险、转移成本的考虑,一般不会轻易从一个平台转向另一个同类平台,这种效应又称为用户锁定效应。此外,对于互联网平台的潜在竞争者而言,转移成本在无形中构筑起一道阻碍他们进入相关市场进行竞争的壁垒。因而,我们可以把转移成本视为认定互联网平台市场支配地位的重要因素。

对转移成本进行细化,可分为以下几种:第一,网络外部性成本。这种成本主要取决于网络产品的用户规模。如果 A 产品和 B 产品是两款功能类似的社交软件,但 A 的用户规模是 B 的几倍,在这种情况下,A 产品的用户放弃 A 转向 B 的网络外部性成本通常比 B 产品的用户转向 A 的成本要高。第二,学习成本。任何一项互联网平台的操作都需要花费消费者或多或少的学习时间,哪怕只是熟悉一下操作界面就能立马上手操作的平台,也需要新用户花费时间熟悉界面。用于学习操作互联网平台的时间(甚至金钱),都是消费者投入的学习成本。第三,机会成本。某一款互联网平台的老用户转移到新平台之上，其作为老用户获得的积分反馈、折扣优惠等利益便不能继续享有。第四，风险成本。新平台面世往往带有不确定性，平台质量、用户体验等都需经过一段时间的验证和用户反馈才能得出有效结论。因此，消费者面临新平台质量差、不能满足原有期待等风险。

4. 赢利能力

从赢利能力出发判断互联网平台市场支配地位是一种由果导因的方法。平台持续的高利润与完善的竞争是不相容的，而只能说明其市场支配地位。如果某互联网平台获得的利润在较长时间内持续大幅度超过该行业的平均利润率，可以初步认定该互联网平台具有市场支配地位。

5. 考量双边市场特性对认定互联网平台市场支配地位的影响

互联网平台市场是一个双边市场，一边连接着广大消费者，消费者往往以零成本或低成本享受平台所提供的服务；另一边连接着广告商，广告商在平台上投放广告，需要向平台交纳一定数额的费用作为对价。

双边市场是一种联动关系，两个市场并非彼此完全独立，两者之间存在一定的联动关系，可大致分为两类——正的网络外部性和负的网络外部性。正的网络外部性是指平台企业一边市场用户的效用会随着另一边市场用户数量的增加而提升，负的网络外部性是指平台企业一边市场用户的效用随着另一边市场用户数量的增加而降低。

在正的网络外部性平台中，市场支配力量可以从平台一边自然传导至平台另一边。以微软为例，微软操作系统绑定浏览器的做法也形象地反映出市场支配地位的传导效应。微软为了将其在电脑操作系统市场拥有的垄断力量引入浏览器市场，而将其研发的浏览器 IE 与计算机操作系统进行绑定，顺利对浏览器市场垄断了将近十年，同时更进一步稳固了其在电脑操作系统市场原有的垄断地位。

在负的网络外部性平台中，市场支配力量不会从平台一边自然传导至平台另一边。尽管搜索引擎网站一般都提供免费搜索服务，但过多的广告或质量过差的广告则会引起用户的反感，甚至导致用户的流失。用户数的减少会削弱平台对广告商的吸引力。以唐山人人公司诉百度案为例，笔者认为，百度在搜索引擎市场的垄断并不能自然而然地传导至互联网广告市场。过多的广告会引起用户效用的降低，因此广告投放的数量和质量会受到一定程度的限制。

事实上，即便在市场力量不能自然传递的负网络效应的双边平台，互联网企业也可以采取适当的市场策略，改变对平台一边的控制力，进而试图调整对另一边的控制力。在认定互联网平台的市场支配地位时，应当考虑双边市场的联动性，具体问题具体分析，结合案件事实，酌情考量以哪一方市场为主导，同时辅助另一边市场的作用。

数据获取的范围

步 超[*]

人民日报理论部

  CINNIC 最新报告显示，中国的互联网网民数量已经达到 7.31 亿，互联网已经无所不在，成为我们工作和生活的必需，而互联网平台则是连接消费者与经营者的核心介质，以阿里、腾讯、亚马逊等为代表的平台上每天都产生大量数据。由于互联网企业天生就是个大数据企业，这些数据中既有刻画个体的数据也有统计群体的数据，还有交易、浏览、支付、社交等多种类型的数据。IDC 的数字宇宙报告显示，2010 年起，人类进入 ZB 时代，标志着数据的量级有了本质的变化，而 2020 年全球数据量将会达到 44ZB，其中中国的数据量会占到 18%，超过 8ZB。而我们国家的《促进大数据发展行动纲要》也会成为我国大数据发展的指导性文件。

  数据日益成为国家的重要战略资源，其对社会生活生产的影响日益重要，也对国家治理产生重要影响。互联网平台企业依法向政府部门报送数据，通过对大数据分析，进一步总结经验、发现规律、预测趋势、辅助决策，有效解决政府部门的数据需求。然而我们通过调研发现，在平台企业数据协助的实践中，报送数据的范围、数据需求的主体、报送数据的程序、对报送数据的管理和使用及其责任追究等都存在很多问题，上位法依据也不甚清晰，在实践中产生很多的问题。面对第三方主体的数据协助请求，作为数据控制者的平台，如何处理好平台自身利益、数据主体的隐私利益和公共利益、社会利益之间的关系，对于自身的快速发展，对于促进网络经济与社会的良性发展，起着关键性作用。

  欧美日等国家的平台经济相对起步较早，早在 20 世纪八九十年代就制定

---

[*] 步超，人民日报理论部编辑。

了一系列数据处理的法律规范，值得借鉴。

一　互联网平台及其平台数据的界定

虽然平台一词在不同场域使用指向的内涵不完全一样，但是也可以看出其共同的本质，那就是一个实体或者虚拟的场域，供往来的商品或者人员在上面活动。平台应该是市场/顾客导向的，是为了满足客户多样化需求和不同需求所共享，一般是需求与供应信息的汇聚点。

那么互联网平台（Internet Platform）无外乎就是借助互联网这一移动的网络虚拟空间，也就是"平台+互联网"或者说是互联网上的平台，其实就是一个大的市场，借助网络形成的一个交流互动或者交易的平台。

把互联网平台的概念再往下缩小一个层级就是电子商务平台。我们以阿里巴巴的电子商务平台为例进一步理解互联网平台。在所有的交易当中，因为商务的两方主体一定是相对固定的，一方是商品的经营者，另一方就是商品的消费者，也就是买方和卖方，这是所有商务最本质的两个角色。但是光他们两个人在做交易，这中间有可能会发生问题的。站在消费者立场来看，我不知道该买什么、到哪去买、怎么买等问题。而互联网电子商务平台就能解决这些问题，同时电商平台也有广告、支付等功能，为买卖双方降低了交易的成本、提高了交易机会等。

首先，电商平台它一定不是商品经营者，虽然商品的经营者也可以有平台，但对于经营者来说这个平台只是它的工具而已。换言之，其实互联网平台的本质是一种服务，它其实就是一个自己的直接销售，或者通过中介替代他人做销售服务的载体而已。所以平台与商品经营者之间是剥离的。其次，平台是居间人，它有一部分角色像房产中介一样，我租一个虚拟的市场空间给你，平台提供的就是一种撮合的服务。

那电商平台到底包含哪些内涵要素呢：第一，平台一定会包含互联网这一介质；第二，平台不是经营者，是连接交易各方的载体；第三，平台是提供信息服务的，包括商品信息、物流信息、资金信息等；第四，平台的目的是帮助、促进、撮合达成交易；第五，平台是一个信息系统，是汇聚各类信息供商品经营者和需求者匹配的信息系统。所以把这些要素联结在一起，就形成了互联网平台的概念，那就是通过互联网连接交易各方，为其提供信息服务和交易撮合服务的信息网络系统。

平台数据就是指在互联网平台上，通过浏览、交易、支付等途径留下的所有数据的总称。在平台企业的经营活动中，由于提供服务的必需或出于改善经营的目的，平台企业会收集、存储用户的个人信息，并基于这些个人信息形成相关数据。例如，购物网站可能会记录用户的购物习惯，从而更有针对性地向用户推荐商品；搜索网站可能会记录用户的搜索历史，从而更有针对性地向用户推送广告。事实上，平台企业正是依靠这些大量的信息、数据而存在和发展。因此对于平台企业而言，这些数据就是企业命脉，其重要性不言而喻。

对于各国政府来说，各国面临着越来越多的网络诈骗、网络攻击等案件，会涉及需要互联网平台企业的数据合作，很多政府部门进行宏观经济数据统计和监管时也会对互联网企业提出数据需求。总体来说，不同国家有着不同的政策法规来界定或约束政府向互联网企业进行数据协助的行为。

二 国外政府向互联网企业要求数据协助的法律分析

从国际上来看，无论是美国、欧盟还是日韩在政府向企业寻求数据协助方面都有相关的法律政策依据。

美国的立法呈现出一般性规范与专门规范密切结合的特征。美国的《存储信息通讯法案》（SCA）是各大互联网公司制定对政府的数据协查政策的核心法案，企业在政府依据 SCA 提出满足普通的刑事犯罪调查和行政案件中获取证据的需要时，负有提交相关用户数据强制性的法律义务。2015 年，美国通过修改《爱国者法案》相关条款，正式终结了国家安全局（NSA）前所未有的、自动收集国内电话记录的权力（包括网络电话，只涉及元数据，不包括通信内容本身），这也是标志性的事件。同年，美国还通过了《网络安全信息共享法案》，该法案的最大特点在于企业在网络安全信息共享方面权利义务的对等性：在向政府分享信息的同时，联邦政府也依法分享它们掌握的网络安全信息和防御措施。2016年通过的《电子邮件隐私法案》要求执法部门在访问180天以前的电子邮件或其他通信数据之前要获取搜查令才可以。

除了相应的法律依据之外，美国政府向企业寻求数据协助的情况主要分为以下几类：

• 日常管理：美国不像某些国家那样存在对数据提供义务的所谓的"日常管理活动"。政府要求网络企业提供数据，是为了进行特定的执法活动，必有法律的授权，明确提供数据的目的、类型以及程序。

• 行政执法：执法机关在发出行政传票调取信息时，除了各自授权法的规定，必须遵循SCA针对存储数据的专门性规定。美国有300部立法规定的、各异的行政传票权。在法律中很重要的规定是：确定了服务商的免责地位；要求减轻对服务商的不合理负担；对违法行为的民事追偿。

• 司法程序：在案件进入刑事犯罪调查阶段，企业根据法院依法发出的法庭命令或者搜查令提供数据的程序，调取数据是为了查明案件事实；法庭命令具备强制执行的效力，企业必须遵守，立法也为企业提供了针对法庭命令的抗辩机制；调查机关可以根据《联邦刑事诉讼规则》向具有管辖权的法院申请批准条件更为严格的搜查令；刑事案件中的大陪审团作为一个中立的主体，有责任调查犯罪是否发生和谁是罪犯，因此大陪审团有权力发出司法传票，要求掌握与陪审团正在进行的调查有关的证据的人提交证据。

• 国家安全：棱镜门计划是美国国家安全局（NSA）和联邦调查局（FBI）自2007年起启动的秘密监控项目，他们可以直接进入包括微软、雅虎、谷歌、苹果等在内的9家国际网络巨头的数据中心挖掘数据、收集情报；NSA和FBI可以根据《爱国者法案》向企业发出NSL（国家安全信函）强制获得相关数据，尤其是依据FISA（外国情报监控法）获得外国人信息。

欧盟是世界上保护数据最为严格的地方。换句话说，欧盟政府要想获取企业的数据并不是那么容易，法律不仅严格规定了政府获取平台数据的原则与条件，而且法律还赋予了数据主体一系列较为强大的权利，如同意权、被遗忘权、拒绝权、限制数据处理权、司法救济权等权利。另外，法律还规定了较为完善的监督与救济机制，设定了严厉的数据处理法律责任。

从相关法律来看，早在1981年，欧洲议会就通过了有关个人数据保护的《保护自动化处理个人数据公约》，这是世界上首个有约束力的有关规范数据使用、保护个人隐私、促进数据交流的国际公约；1995年，欧洲议会和欧盟理事会通过了《个人数据保护指令》，至今仍然有效，它是欧盟数据保护法的基础，拥有较为完善的数据保护框架；最值得关注的是2016年4月14日，欧洲议会最终投票通过了商讨多年的《一般数据保护条例》（GDPR），该条例将于2018年在全欧盟生效。

从日本来看，《统计法》、《个人信息保护法》和《行政机关保有个人信息保护法》是主要的法律依据。总体原则是政府向平台企业收集数据的行为可被视作行政统计行为，因此其必须遵循《统计法》中关于一般统计调查的事先审批程序规定，以及统计结果的用途正当性和内容保密性规定；政府从平台企业获取的数据如果涉及用户个人信息，则其必须保障保有的个人信息必须严格限制在规定的范围、使用目的之内，且保密性必须得到保障；政府向平台企业索要的数据如果涉及用户个人信息，则其必须遵循《个人信息保护法》中关于个人信息处理从业者向第三人提供数据的程序性规定，即除几种特殊情形之外，平台企业必须取得用户本人同意后才可将其个人信息提供给政府。

韩国的《行政调查基本法》、《个人信息保护法》（2015年更新）、《电子商务基本法》、《通信秘密保护法》、《云计算发展与利用者保护相关法律》等是主要法律依据。韩国政府向企业索要数据需要遵循六大原则：①调查范围最小化及滥用禁止原则。②调查目的的合法性原则。③重复调查的限制原则。④预防主义的行政调查原则。⑤调查内容公布与秘密泄露禁止原则。⑥调查结果限制利用原则。而且在无法律依据情况下，原则上禁止收集、利用居民身份证号码。只允许在当事人或第三方生命、身体与财产等切身利益受到影响且迫切需要的情况下，才能依法收集居民身份证信息；电子交易者、网上商店经营者等应接受消费者保护组织提出的获得必要信息的要求，并予以合作，对消费者提供保护。

三 国际互联网企业面向政府的数据政策分析

从国际的互联网企业总体情况来看，主要针对的是政府的个案协查提供数据协助，我们看到主流的互联网企业都遵循了五个方面的主要原则：①以保护个人隐私为前提；②以依法合规为基础；③遵守最小够用原则；④提供在线的入口来提交政府针对企业数据的需求；⑤每半年对社会公布透明度报告。企业有权拒绝或者是部分提供政府对于数据的需求。

近几年来，各国政府对互联网公司的诉求是在逐渐增多，尤其是主流和快速发展的互联网企业面临越来越多的数据协助的压力，超过上百家互联网和科技企业对外公布面向政府的透明度报告，报告内容包括每隔半年哪些国家提出了数据协助的需求，企业是如何提供的等，而以苹果、谷歌、亚马逊和脸谱为例也都有自己的数据协查指南以及严格的数据隐私保护政策。脸谱和苹果自斯诺登事件之后就面临很大的舆论压力，自 2013 年以后开始公布面向政府的透明度报告，亚马逊自 2015 年开始公布，优步作为共享经济的代表自 2016 年也开始公布透明度报告。下面以脸谱的数据协查指南和亚马逊的透明度报告为例来具体分析。

（一）脸谱的数据协查指南

在脸谱针对执法人员的数据协查指南中，脸谱声明他们对于用户信息的披露是完全按照脸谱服务条款和 SCA 相关条款进行的，并且公开了自己能够在不同法律程序、执法人员出示的不同有效命令下提供的数据类型。对于外国执法单位，脸谱还要求数据请求者出示必要的共同法律协助协议或者调查委托书。此外，根据请求数据的不同情况，脸谱还说明了执法人员提出合法有效数据请求的具体形式：对于依照 SCA 提出的保存用户数据的请求，执法机关可以向指定的地址发送电邮、寄出邮件或者使用企业设立的网络服务窗口传递信息。而对于 SCA 规定的紧急情况，如有人面临死亡或者伤害威胁时，执法人员可以立即通过专门执法部门的"执法部门在线请求系统"提交请求，脸谱声明不会对非执法部门发送至此的请求做出任何回应；未通过这一系统提交的请求，则可能面临更长的等待时间。如果请求涉及 SCA 要求企业自行报告儿童受虐或安全问题，脸谱建议执法机关在请求中详细说明具体情况，以便其快速和有效地解决这一问题。通过这一系统，执法人员可以收集、跟踪并处理请求。但登录这一系统必须提交由政府部门发出的官方电子邮件地址。

除此之外，脸谱还特别声明了自己提供数据义务的条件与限度。企业要求数据请求者必须通过合理合法的程序明确说明其需要的具体数据；如果请求描述宽泛或者模棱两可，企业则无法处理。这种数据应该是企业能够通过合理方式定位和取得的数据。企业只能在用户删除数据前，才能为执法目的服务而提供数据。同时，执法机关提出请求数据的表格，必须包含必要的身份与联系信息，包括发证机构名称、负责机构的身份证件、带有执法单位域名的电子邮箱以及电话号码等。它还在指南中再次重申了 SCA 规定的提供用户数据时原则上通知相关用户的义务，除非有符合法律规定的不予通知或者延迟通知用户的情况。如果请求者要求对请求数据提供特殊形式的认证，请求者就应当在请求中将其附上。不过脸谱认为自己的记录已经构成合法的自证记录，无须另行提交保管员证言。综上，尽管 SCA 允许企业就履行执法机关的数据请求而向执法机关主张相应的费用支出，不过脸谱声明对某些情形它也可能自愿放弃相应的费用请求权，主要是对儿童、脸谱及其用户可能造成潜在伤害以及紧急情况相关的调查。

（二）亚马逊的透明度报告

尽管企业负有与政府合作的法定义务，但许多企业也感到自己的商业需要和对于用户数据保护的企业责任要求他们在数据的披露与保护之间实现平衡。以亚马逊为例，我们还可以管窥政府数据请求和企业应对的一般情况。由于亚马逊与中央情报局密切的合同关系，在众多网络公司中，亚马逊一直不愿意将其向政府提供数据协查的有关情况公之于众。这一点受到了民权团体的严厉批评。直到 2015 年 6 月，亚马逊才首次公开了一份只有 3 页长的政府数据请求情况半年报告（2015 年 1 月 1 日～5 月 31 日）。其中，亚马逊向我们展示了根据 SCA 的程序做出的信息协查数量与类型。它声称自己收到了 813 份在法律上通常不必经过法官进行实质审查的，由法院、律师、执法机关、大陪审团等发出的传票（Subpoenas）；对传票，它只依法提供了非内容数据（包括用户的购买记录、票据信息与服务使用信息），而且它抵制任何不当与太过宽泛的数据请求。其中，它给予完全答复的有 542 份，部分答复的有 126 份（只提供部分要求的信息），拒绝答复的有 145 份（不提供任何被请求的信息）。

对由地方、州和联邦的法庭发出的 25 份搜查令（必须向法官提供合理的搜查根据，说明搜查地点和被搜查的项目），根据要求其提供内容与非内容数据。其中给予完全答复的有 13 份，部分答复的有 8 份，拒绝答复的有 4 份。它也当然抵制任何不当与太过宽泛的搜查令。对于法庭发出的除传票、搜查令之外的其他 13 份法庭命令，亚马逊完全答复的有 4 份，部分答复的有 5 份，拒绝答复的有 4 份，包括一份移除信息的命令。此外，亚马逊还收到了 0～249 份中某一个数字的国家安全数据请求（由于法律禁止，亚马逊不能披露准确的请求数量以及答复情况），依据包括外国情报监控法庭的法庭命令以及司法部发出的国家安全信。作为跨国公司，亚马逊难免会收到非美国机构提出的数据请求，包括其他国家的政府机构根据与美国签订的法律互助协议而提出的请求。在 132 份外国请求中，108 份得到完全答复，7 份得到部分答复，还有 17 份被拒绝答复。从总数上看，非国家安全事项的本国政府数据请求，在半年内总数达 851 份。其中，超过 95% 的（813 份）请求类型是各种传票。给予完全答复的有 559 份，占总数的 65.6%；部分答复的有 139 份，占 16.3%；被拒绝答复的有 153 份，其中主要是传票，占总数的 18%。可见，即使是本国政府发出的数据请求，网络企业依然会在自主审查该请求合法性的前提下决定如何做出答复。比如那种明显无法律效力的数据请求（缺乏有效签名和印鉴的文书），企业有权加以拒绝。

总体来看，相关企业无不展现出了自己积极维护用户数据隐私和其他数据权利的立场。他们也倡导了一项实践性的原则,即在符合法律要求的前提下,只向政府提交最小限度内的用户数据。此外,因为行政传票在程序上的简便性,执法机关更多倾向适用传票;但又由于传票本身没有强制执行力,因此我们可以看到相关企业能够大量拒绝那些他们认为违法、无效的传票。由于联邦和州在立法上的分权(比如证券市场违法犯罪,州是无权调查的),相关企业可能更多面对联邦政府的执法需要。

四 国内互联网企业与政府之间数据协助和共享实践分析

政府部门越来越认识到数据对于其提升治理水平和能力有着重要的意义。比如,购物网站保有的购买成交量、商品种类等数据可在一定程度上反映经济发展情况,并成为制定各类经济政策的重要参考;社交网站保有的用户信息、聊天内容等数据可成为刑事侦查的证据和线索,甚至在维护国家安全方面发挥作用。因此,在某些情况下行政机关会出于公益目的要求互联网平台企业向其提供某些数据。行政机关的这种数据索要行为可表现为行政调查、行政统计等多种形式,但究其本质是一种具体行政行为。此外,这种行政行为也广泛而深刻地涉及了行政机关的权利和义务、平台企业的权利和义务以及用户个人信息保护方面的权利。因此,这种由平台企业至行政机关的数据转移活动应该严格按照法律规定进行。

总体来看,目前国内互联网企业面对政府提出的数据诉求主要分为两类:一是数据协查的场景,针对个别违法和犯罪活动的个案调查请求,属于传统的作证义务,要求数据是为了获得制裁违法行为的证据,对此项请求的程序和实体标准应该最为严格和完善;二是数据报送和共享的场景,政府部门在进行国民经济统计、社会征信体系建设和数据安全等方面的数据提供或共享,不同于作证意义下的数据协助,该需求应该有各领域相对应的法律法规。

有些互联网企业已经在数据协查和共享方面有了一些有益的尝试,为基于大数据的政府治理创新提供了新的思路。以阿里巴巴集团为例,在全国

"双打办"的指导下，浙江省"双打办"牵头与阿里巴巴联合发起"云剑行动"，根据大数据绘制出的《全国线下可疑售假团伙分布图》，短短3个月抓捕犯罪嫌疑人300名，捣毁窝点244个，涉案总金额达8.16亿元。通过此次创新，探索"数据形成线索，线索串并成案"的打假情报导侦新思路；截至2016年4月，阿里巴巴在全国范围内共分析挖掘出活跃可疑售假团伙3518个，并绘制了这些团伙的线下分布地图，这些分布地图为全国多地警方实现精准打击提供了有力的帮助。

共建信用社会是我们的愿景，这也是需要企业、政府和个人协同起来才能实现的目标。关于老赖惩戒是法院的一大难题。2015年7月，最高人民法院和芝麻信用签约，开始通过专线提供老赖信息，开创了第三方商业征信机构通过最高人民法院官方授权，联合开展信用惩戒的先例。为了验证信用是否受到影响，也掀起了老赖查询芝麻信用的高峰。数据跟踪显示，老赖的芝麻信用查询率比其他人群高出12倍。根据最高人民法院发布的惩戒数据，截至9月27日，芝麻信用已惩戒老赖超过54万人，35000多人因此还清债务。其中浙江、江苏、福建等也受到信用惩戒的老赖数量，因信用惩戒还款的老赖数量均位居前三。

五　企业面向政府提供数据的政策建议

我们国内的互联网企业尤其是平台企业也会面临越来越多的政府需要数据协助的需求，以下几点思考和建议供大家参考。

（1）坚守底线：企业在任何情况下都要严格保护用户的隐私和商业秘密。

（2）依法合规：企业与政府部门之间的数据协助和报送策略，以法律法规为核心依据。

（3）权利义务明确：政府、企业、消费者各自要承担相应的权利和义务，比如说企业协助执法，整理数据的成本是否由政府来承担。

（4）目标明确：建议以明确目标为前提，政府也需要将获得的数据用于指定的目标，有责任和义务保障所获得数据的安全。

（5）流程规范：政府向企业寻求数据协助或报送，需要有规范的流程，同时无论提供方还是需求方都有必要本着最小够用的原则。

（6）数据共享：并不局限政府单方面向企业提数据需求，双方可以就具体的目标探讨数据共享的可能性，通过技术手段使数据流动起来，实现政府、企业的协同治理目标。

税收政策的关切

张 斌[*]

中国社科院财经战略研究院

一 初探数字经济税收

人类社会从以劳动力密集为基础的农业经济,到以资本积聚为基础的工业经济,再到今天以互联网、云计算等现代化技术为基础的数字经济的发展历程,充分证明数字经济是人类社会发展的必然趋势。数字经济在很大程度上改变了传统的贸易模式、协作分工方式和经济理论框架,以其特有的商业和社会价值为社会经济发展提供着原动力,逐渐成为国家战略性经济模式,推动着国家在新世纪提升全球竞争力和话语权。这场以数字技术和商业模式替代创新为特征的社会变革中,不断引发和推动着全球各国间数字化的战略角逐,从而形成了数字化推动经济发展的新征程。

不可否认的是,数字经济是对传统经济的一轮升级和变革,其自身独具的高速创新性、数字化和跨地域等特征,在挑战传统税收理论的同时,对现行税收制度和税收征管提出了新的要求。

历史是本最好的教科书,丘吉尔说:人类能看到多远的过去,就能看到多远的未来。今天,我们站在新世纪的起点,面对数字化迅猛发展的全球新经济格局,带着对其税收制度的探求愿望,回顾人类社会和税收制度的发展史。

可以说,人类几千年的发展史从来都是与税收紧密联系在一起的。农业社会的生产要素是农业生产者和土地,政府的税收主要是直接对生产要素征税,即丁税与地税,以家庭为单位征收。在西方,17世纪以前的古代、中世

---

[*] 张斌,中国社会科学院财经战略研究院税收研究室主任、研究员。

纪时期，属于古代税收制度阶段。在中国，清代前期以前的税制，属于以土地税和人头税为主的古代税收制度。

在工商业和农业长期并存的社会中，以社会化生产为主要特点的城市经济和以小生产为主要特点的农村经济共存，建立在这种经济、社会、政治基础上的税制是按产业（部门）设置税种，政府的税收主要是产业（部门）税收，主要有两种：一是农业税，主要是以土地为对象，向农民征收；二是工商业税，主要以货物与服务或收入与所得为对象，向城市工商经营者征收。

16世纪后尤其是自西方工业革命以来，在世界范围内出现了现代工业和科学技术为动力所引起的传统农业社会向现代工业社会的巨大转变。西方国家进入资本主义社会以后，在税收上发生了重大变化。17~18世纪，西方国家在原有税制基础上逐步建立了以消费税和关税为主体的税制。民国时期，我国借鉴西方各国成功经验，对税收制度进行了重大改革，在工商税收领域，增设了商品税、所得税等现代税种，为建立现代税收制度奠定了重要基础。

今天，我们已进入互联网推动创新和价值创造的信息化时代，这是一个由技术创新和商业模式变革相互替代推动社会发展的全新时代。在这次社会创新变革中，互联网成为引领变革的重要力量。从互联网、云计算、大数据到物联网，再到区块链技术、虚拟现实和增强现实，都凸显了数字经济基础设施的核心价值。

数字经济的发展，为税收制度变革带来了机遇和挑战。工业经济以横向分工为主要特征，农业、工业和服务业的界限分明，一贯使用三次产业和行业划分作为分析和制定经济政策的依据。而数字经济格局下，三产的界限越来越模糊，行业之间的跨界现象显著。应用原有的概念和框架，对新经济格局进行分析和政策制定，容易造成"视差"与市场偏离。

与传统经济相比，数字经济从交易主体、交易对象、交易规则、交易结构到交易媒介都焕然一新。与之相对应的，也是更深层的变化，一个新的商业文明正在快速地浮现、生长与展开，这是数字时代的商业文明。新商业文明带来新的生产力，实现了工业革命向信息革命升级的技术进步；新商业文明带来新的生产关系，形成以开放、透明、分享、责任为基本特征的制度体系。新商业文明复归以人为本、生态和谐的发展范式。以信息化生产力和信息化生产关系结合而成的互联网生产方式为标志的新商业文明，推动和鞭策着税收制度的创新，孕育着新税收文明的生机和希望。

二 如何看待数字经济税收与传统经济税收的关系

要正确处理数字经济税收与传统经济税收的关系，首先要正确认识数字经济与传统经济的关系。数字经济是传统经济转型升级的推动力，是引领未来经济、科技和社会发展的重要力量。数字经济与传统经济加速融合，以技术创新和商业模式变革，推动了原有生产力的质变，其信息生产力深刻改变了经济增长方式，改变了发展理念和生产方式，也改变了经济格局和分工体系，为传统经济增长和生产率的提高注入新的动能。

解决数字经济税收问题，应着重考虑数字经济的先进性对经济社会的重大意义，积极发挥数字经济的创新发展的作用，兼顾当前传统经济的税收管理制度，形成传统经济向数字经济转型的引导机制，最终提高社会总福利水平。

三 经济结构变革，呼唤与其适应的税收体系

以在线化和数字化为特征的电子商务，很大程度上改变了传统的贸易模式、协作分工方式和经济理论框架，同时也对传统的税收理论和实践，对现行税收制度、税收征管提出了新的挑战。

从经济结构来看，数字经济基于三层基础结构。底层构建了物理基础设施，云计算、宽带、手机、卫星、光纤等形成了物理基础设施；在这个基础设施上面制定了一套逻辑基础设施，包括 IP 协议、TCP 协议、地址、域名、号码，以及 App Store 这样的应用商店的架构，OHA 移动互联网的生态系统，还有电商平台加个人的治理规则体系等，这些治理体系包括搜索、治理的规则；在物理基础设施和逻辑层上面是经济和社会层，内容包括生产、贸易、

教育、新闻、用户、娱乐等。互联网革命带来的最大变化是经济基础结构的变化，当工业结构被数字结构武装起来的时候，给整个工业结构带来了转型升级。以传统的工业经济结构下的思维和视角来看，在数字经济结构中，很难解释发生的新现象、解决新问题，必须要建立适应数字经济发展的制度体系。

从分工方式上来讲，在传统的产业体系之下，商业活动围绕少量重要信息展开，企业之间的协同是单向的、线性的、紧耦合的控制关系，品牌处于"价值链"的核心，对"供应链"实施控制。但在数字经济环境下，数据的产生呈现出全方位、碎片化、实时、海量等新特点，商业协作也随之必须像互联网一样向网状、并发和实时的协同转变，传统的"价值链"变成了"价值网"。

传统的经济活动以市场为基本空间，尤其是以价格为指导，强调不同经济主体的竞争关系。但在数字经济体系下，经济活动加入了合作、分享、众包等新模式，从而产生了大规模的、社会化的协同，这种协同包含共享经济、网络协同、众包合作等方面，冲击着传统的企业边界和生产组织体系，并改写了传统的劳动雇佣关系。

在工业经济条件下，分工的取向是专业化，生产趋向同质化，在自上而下的中央控制的企业组织中，交易费用随专业化的扩大而相对递增；在电子商务生态系统为代表的数字经济条件下，分工的取向是多样化、协调化，生产趋向异质化（如个性化、定制），在自下而上的分布式的网络组织中，交易费用随多样化的增加而相对递减。劳动分工向多元化方向发展。在技术、业务和产业相互融合的数字经济条件下，分工出现了工业经济中不明显的范围经济和多元化发展的新趋势。与规模经济的机械式分工不同，范围经济的分工，是基于生态演化的复杂系统的分工。在数字经济的作用下，分工向着多样化的方向发展。工业经济的传统多样化可以提高收益，同时增加成本；而范围经济是越多样化，平均成本越低。对应的现实是，在电子商务生态系统的作用下，以平台形式存在的固定成本被零成本复制，促成了增值应用的轻资产运作，形成以租代买的共享型经济新商业模式。这与工业时代的分工模式相比，具有本质的区别。

信息基础设施建设和能力提升，加速了数据要素在各产业部门中的渗透，直接促进了产品生产、交易成本的显著降低，从而深刻影响着经济的形态。"数字经济"中分工网络将体现出如下特征。

第一，经济主体小型化、灵活化，"小而美"成为企业常态。由于节约了信息成本，交易费用降低令外包等方式更为便捷，企业不必维持庞大臃肿的组织结构，低效、冗余的价值链环节将消亡，而新的高效率价值环节的兴起，使组织的边界收缩，让小企业和个人成为主流。从税收管理的角度讲，传统的税收征管更侧重于对大型企业的管理；从税源的角度来看，大型企业往往被纳入主体税源。而小企业和个人的税收管理，是税收征管中难度较高、征税成本投入较多的领域，在数字经济环境下，如何提升小企业和个人的纳税遵从，成为需要思考的重要问题。

第二，生产与消费更加融合。数据作为一种柔性资源，缩短了迂回、低效的生产链条，促进了C2B方式的兴起，生产与消费将更加融合。"产销消一体化"的商业环境中，消费者可融入设计、生产、销售的每一道环节，而设计者、生产者和消费者难以区分你我，使纳税人的认定变得更加困难，这或许需要重新考虑征税客体到底是物还是人。

第三，实时协同是主流。技术手段的提升、数据开放和流动的加速，以及带来的相应生产流程和组织变革，生产方式已经从"工业经济"的典型线性控制，转变为"数字经济"的实时协同。实时协同极大地提升了交易的时效性和灵活性，传统基于链条式抵扣的税制设计，在实时高效的商业环境中，显得迟缓和笨重，纳税遵从成本过高，成为抑制创新和新经济发展的制度成本。

四 构建科学的数字经济税收体系

以增值税为代表的流转税体系，源于工业时代协作分工的发展，工业经济清晰的上下游产业链条有助于形成专业化分工，增值税在工业经济下基于价值创造的链条道道课征，上下游税额环环抵扣，从而形成紧密衔接的征税机制。在数字经济社会中，增值税促进社会化大分工的初衷是否仍然得以实现，其抵扣设计是否仍然紧密无间，征税效率是否依然高效，继续依托于传统的设计、制造、批发、零售的紧密型科层制的分工链条式税制是否仍然能够持续发挥作用？

当前，在数字经济的带动下，冗长的价值链条将被分布式、实时协同的网状协作所解构，以厂商为中心的大生产、大零售、大品牌、大营销的商业模式将被以消费者为主导的C2B柔性化模式所替换，批量化的流水线和大额交易将被大量碎片化交易所替代，产销消清晰的商业合作模式将融为一体、不分彼此，存量的自然和社会资源将被盘活共享，库存成为历史，资源配置效率和结构达到前所未有的高度和优化，人工智能将极大地满足人类经济生活需求，并对原有法制体系产生强烈冲击。这些现象或许只是未来数字经济社会的一隅，却已经出现端倪并真实发生在我们的身边，成为名副其实的"边缘革命"。人们似乎还没有意识到，基于工业经济二百年历史形成的一套所谓成熟有效的制度规则体系，面临经济结构和分工方式发生颠覆式变革的数字经济社会，是否仍旧有效和有效率，是否能够适应新兴经济业态发展需求，对此应该有全新的思考。

税制体系基于其财政属性和宏观调研职能，与经济发展结合甚为紧密，或将更早成为被研究和关注的对象。数字化特征，对税制要素将产生近乎全局的影响，纳税人、课税对象、税基、税目、税率、纳税环节、纳税期限等因素将面临重构和全新的界定。在数字经济高速变革的技术和商业模式创新的推动下，高效灵活的交易模式和组织结构将成为常态，实时的网状协同分工将无限度地降低交易成本、提升交易效率，原有笨重、复杂、高成本、链条式的税制设计或终将成为经济发展的拖累而淡出历史舞台，呼之欲出的是基于云网端的数字经济基础设施的、以数据为生产要素的新型税制体系，以更加适应数字经济的特征和规律，更加融入新经济业态且保持中性，设计更为简洁且有效，更加轻盈灵活和有助于提升遵从。

五 数字经济税收治理理念和目标

税收，是一门专业的学科，涉及复杂的理论和规定，但是一套税收制度的设计理念,往往没有那么烦琐,即是为了达到某种目标而设计的。传统税收的职能,一是聚财为国,二是宏观调控。而到具体的税种,设计目标就更加细化,比如增值税是为了促进分工,个人所得税是为了调节收入分配等。那么,在数字经济时代,税收理念到底是什么?数字经济体现开放、分享、透明、责任的新商业文明的特征,因此数字经济时代,传统税收理念也要升级,要以推动数字经济发展为目标,要体现出鼓励创新、促进创业,最终目的是提升全民福祉。切忌通过税收手段,谋求数字经济与传统经济的简单税负公平。

(一)推动数字经济发展

2016年9月3日,习近平总书记在B20峰会开幕式上指出,把握创新、新科技革命和产业变革、数字经济的历史性机遇,提升世界经济中长期增长潜力。

总的来看,全球数字经济发展仍处于孕育期,中美在数字经济领域的最强者竞争还会持续下去。这些年来,我国数字经济快速发展并走在世界前列,主要得益于相对宽松的市场环境和互联网企业的创新精神。在制定税收规范时,应跳出税收,把鼓励数字经济发展放在促进我国经济转型升级和提升全球经济竞争力的战略全局来审视,注重为培育经济发展的新动能留出空间,把鼓励创新和包容发展作为构建数字经济税制规范的主要考量和动因。

(二)鼓励创新促进创业

数字经济的发展史,就是一部技术与商业模式循环创新的历史。经过几十年的发展,数字经济已在经济发展中起到引领和主导作用,但由于传统的经济统计方法不能全面反映信息技术的作用,有学者一直在质疑数字经济的巨大影响。理解信息技术对经济社会的影响,需要承认技术进步不是以线性方式而是以指数方式发展的历史事实。石器时代经历了数万年的演进,印刷术的推广耗费了一个世纪的时间,电视机的普及花了几十年,而移动网络上微信的普及只用了几年的时间。人类社会技术进步以指数方式发展,国际上将这一规律称为技术进化的加速回报定律。

我国经济发展已进入新常态，需要寻求新的动力。大数据、人工智能、虚拟现实、区块链等技术的兴起为人们带来了希望，世界各国不约而同地将这些新的信息技术作为未来发展的战略重点。然而，我国信息技术应用还不平衡，尽管城乡和地区的数字鸿沟呈缩小趋势，但差距仍十分明显。不同行业应用信息技术程度的差别也很大，企业对信息技术应用的投入偏少，特别是对软件和服务的投入比例很低，人才和技能缺乏。缩小数字鸿沟，提高企业特别是中小企业的信息化水平，还需付出巨大努力。

习近平同志在中央政治局第三十六次集体学习时强调："世界经济加速向以网络信息技术产业为重要内容的经济活动转变。我们要把握这一历史契机，以信息化培育新动能，用新动能推动新发展。"此前不久，二十国集团（G20）领导人杭州峰会提出全球性的《二十国集团数字经济发展与合作倡议》，表明发展数字经济已成为全球共识。过去几十年，数字经济发展迅猛，在经济发展中的引领和主导作用不断增强。预计在21世纪上半叶，数字经济仍将唱主角。目前，我国信息技术和产业发展正处于从跟跑并跑向并跑领跑转变的关键时期，应特别注重加强网络信息技术自主创新，不断增强数字经济对发展的推动作用。

（三）提升全民福祉水平

数字经济与传统经济相比，极大程度地降低了对公共资源的占用，减少了对环境、能耗、房产、土地等社会公共资源的占用。我国电子商务在长期发展和实践中，积累了一整套规则体系，这套规则体系解决了海量的交易纠纷、投诉、商品商家管理等日常事务，无形中帮助政府部门降低了大量的管理成本。互联网已成为企业用以降低公共资源消耗、减少政府管理成本、节省财政开支和提高商业运行效率的创新技术，充分显示出普惠特征。

一个国家的强大离不开税收，一个民族的富强离不开税收，而人民的福祉也跟税收息息相关。财税治理的最终目的是增进全社会和每个国民福祉总量。在数字经济主导的现代化社会，随着信息化技术的普及，人们有更多渠道和更多选择去了解国家财税政策和相关信息，人们开始有意识地建立必要的纳税遵从，同时也应为政府纳税服务提出要求，在税收立法、执法和司法领域有了更强的参与和监督意愿，从而推动各项纳税服务水平的提升，最终目标是提高全民福祉水平。

六　数字经济税收治理原则

数字经济的税收治理，涉及政府、企业、平台、消费者等多利益相关方，涉及行业发展、国内外竞争、税收改革、税源分配等诸多因素。在研究和制定数字经济税收规范时，应该考虑到数字经济基于透明、开放的数据要素易造成数字经济环境下的征税过度公平的问题，确保推动数字经济的健康发展、保护小微企业创新创业、保障社会总体福利的治理目标的实现。

（一）坚持鼓励创新与发展，培育和壮大税源基础

在数字经济初级阶段，要培育和壮大税源基础，增强发展后劲。把数字经济作为国家战略性新兴产业的重要组成部分，涵养税源，鼓励创新发展，驱动新一轮经济增长。

1993年，美国政府宣布实施兴建信息时代的高速公路——"信息高速公路"，因此推出了一系列国家创新战略，创建了包括税收政策在内的围绕创新的经济制度体系，造就了今天数字时代的繁荣。2015年10月，美国国家经济委员会与白宫科技政策办公室发布最新版《美国国家创新新战略》，提出了支持美国创新生态系统的新政策。文件指出，美国长期以来都是创新者的国度，创新是其经济增长的源泉。美国政府此时提出创新战略，旨在未来十年以创新驱动经济增长，以创新推动私营部门产业发展，以创新拉动国内就业，进而为美国人民提供一个创新性政府。

改革开放初期，我国实行"效率优先，兼顾公平"的政策无疑是正确的，符合市场经济发展的一般规律，这一指导思想对我国经济的发展产生了巨大的积极效应。今天，在数字经济发展初期，应吸取以往的历史经验，鼓励创

新与发展，以战略性新兴产业推动国家经济转型升级，驱动新一轮的经济增长。

（二）注重实质公平

线下纳税人存在征管监管缺失现象，充分考虑数字经济交易透明、扩大税基和税负增加的现实，应保持线上线下税负实质性公平；为避免不同平台的征管失衡，防止商家异常迁移，扭曲商业和市场，应保持不同APP、各类平台的税负公平；基于线上线下融合的趋势，应构建线上线下统一的征管规则。

线下交易同样存在征管缺失。多数观点认为，线上交易游离于监管之外，对线下实体存在税收不公平的状态。实际上，传统的线下交易同样有征管的缺失，大量使用现金、不开具发票的情况也普遍存在，而且即使纳入征管范围的个体工商户，也大量适用核定征收，其实际税负往往低于法定税负。在《中国税收政策和税收改革》一文中，经合组织估计中国增值税税收收入的55%没有被适当征收。随着我国经济增长速度的放缓，税务部门将致力于缩小此增值税缺口。

电子商务将扩大税基，可带来线上交易的税负增加。数字经济基于互联网在线化、数据化的特点，可以将交易信息透明化、规范化，将实现实际税率与法定税率的等同，相比线下传统经济而言，市场可以支配的财富将会减少，自然就会对新经济业态产生不利影响。因此，在研究数字经济税收规范时，应充分考虑实质公平问题。

（三）税制简洁，征纳透明

要结合数字经济的发展前景来制定面向未来的税收规范。应当明确区分工业时代和数字时代不同经济特点和税制模式，数字时代的税收规范或将建立在全新理论基础之上，简洁透明原则在税收制度设计中具有重要意义。简洁透明的税制和征纳无论对于政府还是纳税人，或者从社会整体看，都是利大于弊。现实中税收制度的复杂性，主要来自政府利用税收制度谋求课税公平和促进经济发展的愿望或政策意图，但实施效果往往不能达到初衷。数字经济为简化税制和透明征纳提供了理想环境。

（四）有利于促进主动纳税遵从

数字经济为税收信用体系建设营造了先天条件，应积极构建透明的征纳环境，推动纳税人自主申报，建立社会联合奖惩机制，把促进主动纳税遵从、营造社会整体诚信环境和构建新型税收文化作为数字经济税收治理的基本原则。

澄清对电子商务的税收认识存在的四个误区。

一是误认为电子商务交易免税。实际上，我国现行税法没有针对电子商务交易的特殊规定，电子商务一直适用现有税法，并没有所谓的免税待遇；客观上讲，无论是线上还是线下，都存在征管缺失。调研资料显示，有大量网商在纳税，如安徽三只松鼠、茵蔓、小狗电器等。

二是误认为电子商务领域存在巨额的漏税。在网络零售交易中，B2B、B2C模式下企业利用网络实现的销售与传统线下销售模式一样都纳入了税务机关的征管范围。目前C2C交易额占社会零售总额比例仅有一成，还有九成在线下，线下是税源主体。

三是误认为电子商务领域的征管缺失导致线上线下交易的不公平竞争。由于B2B、B2C交易中的税收征管规定与线下交易并无差异，因此所谓不公平竞争主要存在于线上线下的小微企业及个体经营者之间，而相对于普遍使用现金交易且主要适用核定征收的线下交易而言，C2C交易平台中没有进行工商登记和税务登记的个体网店的税收导致的竞争优势并不显著。

四是误认为线上冲击线下，线上线下是隔离的。电子商务与实体零售业逐步融合是新零售发展的大趋势。这些年来，宜家、迪卡侬、优衣库等国际名牌不断增加实体店；国内不少零售商甚至专攻线下实体店，如"名创优品"两年间就开业1100多家实体店铺，年销售50多亿元；"快鱼服饰"门店销售额平均每年增长200%，三年内销售额从几亿元增长到几十亿元。

七 新经济催生新税源

(一) 电子商务成为拉动宏观经济增长的原动力

电子商务的快速发展,对宏观经济增长做出了巨大的贡献,成为促进宏观经济增长与经济结构调整转型的原动力之一。经过计算,我国电子零售行业对经济增长的带动效应,可以发现:电子零售行业存在着明显的规模效应,随着规模不断扩大,其效率将不断提升,因此,其对经济增长的贡献越来越大。研究表明,电子商务交易额,尤其是网络零售额,对人们的消费水平具有极大的提升作用,并能够通过消费乘数效应,促进经济增长。麦肯锡全球研究院报告预计:2013~2025年,互联网经济将帮助中国提升GDP增长率0.3~1.0个百分点。这就意味着,在这十几年中,互联网经济将有可能在中国GDP增长总量中贡献7%~22%。到2025年,这相当于每年4万亿~14万亿元人民币的年GDP总量。因此,电子商务不仅创造了新的消费需求,并且正在加速与制造业融合,推动服务业转型升级,催生新兴业态,是经济发展新的原动力。电子商务表现出的强大的后发优势和经济潜力,为未来的税源规模积蓄新动能。

(二) 电子商务生态孕育新税源

电子商务生态,是指企业在从事电子商务的过程中,与上下游客户及供应商等利益相关者建立的同一个价值平台。在该平台当中,各个角色关注平台的整体特性并通过平台撬动其余各个参与者的能力,使电子商务生态系统能够创造价值,并从中分享利益。电子商务生态系统的结构可以分解成核心层、扩展层和相关层,其中:核心层包括电子商务服务平台、买家(采购商)和卖家(供应商);扩展层主要包括电子商务交易相关的金融支付机构、物流公司、保险公司、软件服务商、广告服务商等;相关层主要包括与电子商务活动相关的政府主管部门、行业协会组织、教育和科研机构等。电子商务生态系统的外部是经济、技术、政策、法律、社会等宏观环境。在以上层次中，电子商务平台是电子商务服务的核心，正是开放平台的发展，促使电子商务服务业的迅猛发展，撬动着远大于电子商务交易本身的税源规模。从电子商务生态系统的维度分析电商税收，我们看到的已经不仅仅是电商零售环节的税收，而是由电子商务生态核心层所带动的电商生态系统的整体税收规模。

一个开放、协同、繁荣的电商生态系统，帮助各个物种更有效地配置资源，体现出"利他"与"分享"的价值，最大限度地实现共赢。这种互联网协同的爆发力，不止于电商生态系统，从供给侧、C2B，到智能商业，互联网协同正在深刻地改变实体经济、改变实体产业，给整个商业生态带来繁荣。

1. 网络零售撬动上游产业，促进税基扩大和经济繁荣

电子商务上游的制造商、品牌商，在渠道终端零售商的带动下，其产值和税源呈加倍增长状态。根据统计，在货物生产、批发、零售各环节中，零售的产值贡献约为11%，还有89%左右的产值贡献在生产和批发环节。这也意味着，通过网络零售每拉动100元的销售额，将拉动89元的生产和批发产值。另据国际著名研究机构麦肯锡的研究报告来看，约61%的线上消费确实取代了线下零售，剩余的39%则是如果没有网络零售就不会产生的新增消费，即电子商务上游环节有35元/单位产值是去除替代线下交易之外的新增的交易，同时带来新增税收。因此，网络零售拉动上游实体经济发展呈现出巨大的经济杠杆作用。

2. 网络零售带动下游电子商务服务业发展和税收增长

电子商务交易的蓬勃发展促进了宽带、云计算、IT外包、网络第三方支付、网络营销、网店运营、物流快递、咨询服务等生产型服务业的发展，已经形成了一个巨大的新兴产业，同时新生了巨大的税源规模。电子商务服务业的兴起加快了信息和数据在商业、工业、农业中的渗透速度，极大地改变了人们的消费行为、企业形态和社会创造价值的方式，有效地降低了社会交易成本、促进社会分工协作、大幅激发创新、提升了企业抵御风险的能力、提高了社会资源的配置效率，深刻地影响了生产、流通、交换、消费环节，并为零售业、制造业、物流业等传统行业带来了革命性突破。研究表明，到

2020年，电子商务服务业总体规模将达 4 万亿元，带来的税收规模超过 2000 亿元。

案例一：茵曼从 20 多人的小工厂到全球十佳网商品牌

茵曼（INMAN），广州市汇美服装有限公司旗下棉麻生活品牌，由董事长方建华于 2008 年创立，凭借以"棉麻艺术家"为定位的原创设计享誉互联网。

1998 年，方建华在给外国人做外贸代工，创立了今天汇美服装的前身"广州市汇美服装厂"。2007 年 7 月，公司董事长方建华先生敏锐觉察到电子商务的机遇，在广州创立"茵曼"品牌，2008 年正式进入互联网。几年时间里，方建华就将一家只有 20 人的小工厂，打造成一个超过 1000 人的电商品牌集团公司。2014"双十一"茵曼所在的汇美集团创下 1.85 亿元的突出销售业绩。

在汇美集团 2016 年年会上，董事长方建华讲道："去年一年下来，我们累计为国家贡献税收近 1 个亿，汇美人自己拿一份收入，还是社会贡献者的一分子。""我们有信心，在未来五年，汇美集团的交易规模将做到 100 个亿。未来十年，汇美集团时尚生态圈的规模将达到 1000 亿元。"

案列二："三只松鼠"的翻番式增长成为税收亮点

2016 年全国两会上，安徽芜湖一家名为三只松鼠的电商企业获得了国家税务总局局长王军的点赞。王军接受人民日报记者采访时说："让人印象深刻的是，部分制造业包括传统制造业企业凭借'互联网+'实现深度转型。安徽三只松鼠电子商务有限公司通过电商模式构建品牌开拓市场，发展迅速。2012 年初创时仅缴纳税收 12.5 万元，第二年锐增到近 600 万元，2015 年更是增至 4300 万元，连续三年翻几番增长"。2016 年三只松鼠销售收入达 53 亿元，纳税额达 1.5 亿元。三只松鼠创始人章燎原说，"销售过百亿并非三只松鼠的首要目标，一年可以缴税一个亿、十个亿才是能够体现三只松鼠的社会价值追求。"

案列三：2016 纳税破亿 韩都衣舍这样解释增长内因

2017 年 2 月 14 日，韩都衣舍内部人士透露，在刚过去的 2016 年，韩都衣舍纳税额超过一亿元。

韩都衣舍成立于2006年,是中国最大的互联网品牌生态运营集团之一。财务数据显示,韩都衣舍2014年营收达8.3亿元,净利润亏损3756万元。到2015年,营收为12.6亿元,净利转亏为盈,为3321万元。2016年"双11",韩都衣舍电商集团整体销售额为3.62亿元,韩都衣舍天猫旗舰店与优衣库、ONLY同列前三,也是唯一进入前10的互联网服饰品牌。

2016年年底,在未来零售大会上,韩都衣舍创始人赵迎光提出了"二级生态运营商"概念,定位介于品牌和一级平台淘宝天猫之间的二级平台,韩都衣舍将全面输出供应链、IT系统、仓储物流、客服系统等能力。旗下韩都动力,就是一个服务商,给其他中小品牌和互联网品牌提供服务。赵迎光认为,随着整体互联网流量和大平台流量增速遇到天花板的大背景下,互联网品牌面对增长魔咒,有三个努力方向:第一,做一个品牌并持续在产品、运营上投入,开始摸品牌的天花板;第二,线上线下结合,线上走不通了,或者线上遇到瓶颈了开始到线下;第三,开启以韩都衣舍为代表的"二级生态运营商"模式,并打造品牌商+零售商的二级生态的模式。

从韩都衣舍的经验来讲,赵迎光认为,作为一个纯互联网品牌,销售额从0~1亿元的时候先确定自己品牌的定位,从做一个小店开始先活下来;从1亿~10亿元的时候,同一品类的货品可以适当地扩大一些范围;到从10亿~100亿元的时候,在扩品类或者扩品牌的时候让后端整体基于一个品牌的运营能力不断加强。

八 平台经济厚积薄发:从创业梦、上市梦,再到中国梦

2016年4月,在商家的积极推动下,阿里巴巴集团宣布成立"协助商家上市办公室",帮助平台上的商家与券商、交易所以及其他已经上市或即将上市的品牌电商企业之间搭建沟通桥梁。至今,该部门已收到三只松鼠、茵曼等近200家淘系商家寻求协助的申请。其中韩都衣舍、小狗电器等商家成功挂牌新三板,部分商家已向交易所提交上市申请,国内资本市场或在2017年

迎来电商企业登录的高峰。

多年来，网商面对社会种种质疑，被指不尽税收义务，假货泛滥。而200家排队IPO的淘系商家，他们共同用实际行动证明，网商不仅仅承担着纳税义务，更多的是担负着中国民族品牌崛起的重任。这是平台经济的力量！互联网平台，通过技术创新和商业模式创新，持续有力地孕育着一批又一批的小微企业创生、成长、上市和壮大，无数创业者的梦想通过互联网平台实现。总览全球顶尖科技公司，无一不是从小微企业发展壮大。中国互联网平台正在成为小微企业孵化和民族品牌崛起的坚实基础，成为提升综合国力的强大后盾。

创新，要鼓励，方得进步；小微，要扶持，方得成长；税源，要涵养，方得多赢。如何孕育出更多的"阿里巴巴"，发扬创新精神，代表国家和民族在全球树立品牌、建立标准，成为今天最重要的时代课题和历史机遇。在中国互联网经济的发展中，已经看到了希望。

汇美集团从5000万元到9000万元，三只松鼠从12.5万元到1.5亿元……这是新增税源，如果没有平台的孕育，不可能创造出经济增长点和新税收。连年跳跃增长的纳税额以及网商群落IPO的背后，是互联网对传统经济转型的重要贡献，也是互联网平台十年如一日培育网商成长的硕果。数字经济税收，是一部面向未来的战略决策。在互联网平台的支撑下，今天孜孜不倦的小微企业，将成为明天IPO的主力军；今天踊跃上市的网商群落，将成为明天提升国家竞争力的核心力量。

在大量传统零售门店"不景气""关店潮"的抱怨中，很多在线商家"逆势而行"。茵曼线下开店超300家；太平鸟今年狂砸3.5亿元，增加500家线下店；ZARA、优衣库、名创优品、快鱼服饰等加快布局线下门店，经营业绩在高速增长。此番景象不禁让人诧异，到底是实体经济不行了，还是实体经济崛起了？马云认为，中国不是实体经济做不出来了，而是实体经济由于缺乏开拓精神和创新精神而不行了。企业没有实体虚拟之分，只有好企业坏企业之分，要大力发展实体经济，但是要淘汰落后的生产力。实体经济只有经过新科技的挑战、转型和创新的洗礼，才能面对明天的太阳。

我国社会正在经历从工业经济向数字经济转型、新旧经济动力转换的历史阶段，互联网为推动消费升级与供给侧结构性改革提供了历史机遇，以云计算、大数据为技术支撑的互联网平台对我国经济去产能、调结构、稳增长的基础性作用正在显现，它将成为中国经济增长的新引擎。

消费者保护的路径

周 辉[*]

中国社会科学院法学所

一 新经济与消费者保护

消费者权益保护——近代以来一直是商业领域很重要的内容。随着工业化发展，生产技术革新、商品和服务的多样化，诸多消费纠纷和难题也浮现出来，保护消费者权益已成为国际社会共识。

我国在消费者权益保护方面取得了可喜进步。近年来，我国消费者保护组织不断发展，法律法规不断完善，对消费者权益提供了有效的保障措施。七天无理由退换货、网络凭条的连带责任、耐用消费品的举证责任、经营者的义务和责任等相应的配套制度，都体现了对消费者保护的重大进步。通过细化消费者权益，强化经营者义务，明确行政部门责任，全方位、多维度地保护了消费者权益。然而，随着经济、社会进一步发展，消费者权益保护也面临着新挑战。在新经济背景下，消费者权益保护这一议题，面临着新背景、新技术、新需求、新理念、新手段等新形势、新挑战和新机遇。

（一）新背景

1. 新经济增长与纠纷数量的变化

经济迅猛发展导致了纠纷数量井喷。根据消费者权益保护网公布的数据，2015年，全国工商机关依托12315网络共处理消费者诉求777.76万件，同比增长2.6%，为消费者挽回经济损失18.6亿元。2015年通过互联网受理的诉求量达12.72万件，同比增长34.5%，较2014年同期增加了18个百分点。

---

[*] 周辉，中国社会科学院法学所助理研究员、博士。

经济迅猛发展,提高了居民的购买力,而交易数量的逐渐上升,也会随之产生大量的交易纠纷和投诉。

2. 新商业模式与纠纷类型的变化

新商业模式同样催生了很多消费纠纷问题。传统消费者纠纷形式单一、类型较少。随着网络购物兴起,购物形式多样化、交易结构复杂化程度日益加深。团购、优惠购物、幸运购、零元购、外卖、网约车等新型消费形式,导致纠纷类型复杂化,这些都对消费者权益保护提出了新挑战。这些新型购物形式不同于传统交易模式,它有着自身特点和风险。普通消费者可能被其收益诱惑而无法正确评估其中的风险。不谨慎购买和冲动消费可能导致消费者权益进一步受损。与此同时,现有法律规范在应对新类型商业模式和交易纠纷时往往无法直接对应,进一步导致消费者维权困难,维权成本增加。

以网约车为例,出现之初,其以低廉的价格和优质的服务广受消费者好评。而随着市场进一步扩大,服务质量降低、司机素质不高、信息泄露、无理由加价等问题也在困扰着消费者。使用网约车发生纠纷后,赔偿责任、保险理赔等问题,都需要有相关制度进行规范。

(二)新技术

新技术的出现,便利了人们的日常生活。在消费领域,计算机技术和网络技术的发展,使人们交易更加便利,从传统的纸质合同,到点击合同、拆封合同、格式合同的转变,使与大量用户签约的方式成为可能。信息化的合同订立过程,大幅度降低了签约成本。然而,由于消费者往往不会认真阅读点击合同、格式合同的内容,也使消费者权益被侵犯的可能性增大。而对于拆封合同、格式合同等,消费者往往没有选择和商定的权利,提供服务者又往往在特定领域处于主导地位,如果消费者不接受相关条款,就无法享受相应服务。消费者自主选择权实际上受到了一定程度侵害。

另外,近年来,消费领域最大的变化体现在支付手段升级。从传统的现金支付,到刷卡消费、网银转账,到现在更为便捷的手机端快捷支付,移动支付以其便利性席卷全国,占据了市场主流。2015年中国第三方支付移动支付市场规模同比增长率为104.2%，同时，移动支付规模首次超过PC端支付。移动钱包将成为主要增长推动力，面对庞大的市场空间，手机制造商、移动支付运营商、商家纷纷趋利而行，进军市场。然而移动支付的便捷性也导致纠纷维权难度进一步加大。

此外，随着快递、物流行业的迅猛发展，物流运输便利生活的同时，也带来新的难题。与传统的双方购买关系不同，新经济背景下电子商务将传统购物的双方关系变革为三方关系，物流、快递公司作为交易的第三方介入买卖交易中，然而运输过程中货物损毁、灭失、延时到达、过期等问题引发的消费纠纷，往往无法得到有效解决。商家和物流公司之间常常相互扯皮，互相推诿，导致纠纷不能得到及时解决，影响了消费者的购物体验。

（三）新需求

新经济背景下，各方主体也对消费者权益保护提出了新需求。

对消费者而言，更便利、更快捷的投诉渠道、更快的反馈时间、对商家更为有效的惩处机制、更高的赔偿金额，都是其提出的新需求。

对社会舆论而言，随着网络信息传播途径的迅猛发展，舆论的发酵和影响带来的社会效应往往不可估量。对消费者权益纠纷的处理，往往会引起舆论的关注和关切，处理不慎，将会面临极大的社会压力。

对监管机构而言，其处理纠纷、治理消费环境的压力也在不断增大。社会发展的速度已经远远超出立法、执法、司法的发展速度。如何在新的环境下充分发挥监管机构的职能，保护好各方利益，对执法机关的治理方式和治理水平提出了新要求。

新需求的出现，要求政府充分考虑各方需求，发挥制度优势，推动制度创新，鼓励社会各界参与，才能回应新需求。

（四）新理念

新形势要有新理念。对于消费者的认识也需要从新的角度进行探究。传统理念一般认为，交易关系中消费者处于弱势群体，因此要通过各种法律和制度予以保护，以充分维护其知情权、反悔权等各方面权益。然而在新经济背景下，对于"消费者"的考量不能如此简单。何为消费者？消费者之间有无区别？不同类型的消费者是否需要设定不同的保护程度？这些都是无法回避的问题。

以职业打假人为例，其知假买假的行为，虽然从一定程度上可以督促商家积极检查，自我监督，但也对商家设定了过高的注意义务，同时不利于社会公平正义。此种类型的购物行为，是否属于传统的消费行为，都是需要综合社会影响、各方利益进行谨慎平衡的。

（五）新手段

可喜的是，在技术更新和升级带来了新问题的同时，也带来了治理新思路。通过大数据识别和深度数据挖掘，可以对网络、现实中的销售情况进行分析，得出相应结论。同时，可以通过人工智能、神经网络的运用，实现对交易行为的分析，从而判断、筛选出异常交易行为，对相应的买卖双方进行预警，防止交易纠纷出现。新技术出现的同时也带来了治理手段方面的更新和升级，新时代下，监管机构和各方社会力量应当积极关注现实，探寻市场监管和治理的新手段，才能应对新挑战，切实维护消费者权益。

新手段在一些新兴业务类型中体现得尤为明显。例如，在2016年的网约车领域，滴滴公司就通过新技术手段很好地保障了消费者权益。乘客在乘车过程中可以随时"分享行程"给亲友，如遇紧急情况可按下"紧急求助"键立即获得客服支持；行程结束后，如对行程有异议，可以通过电话、微博、微信联系客服。滴滴对于司机安全意识的培训也十分重视。据报道，滴滴公司已经开发出"安全驾驶"功能，在每段行程中，从疲劳驾驶、超速、急加速、急转弯、急刹车五个维度来跟踪车主驾驶行为，并向车主及时发出提醒，充分保障消费者人身安全。

二 新经济背景下的新问题

上文中提出的新经济背景下的"五新"：新背景、新技术、新需求、新理念、新手段，实际上已经勾勒出了当今环境下消费者权益保护的难题和挑战。然而，在立法、司法和执法实践层面，真正存在的问题比上述描述更加深刻，也更为复杂。其症结在于，治理顶层设计不够精细，无法应对复杂的交易和社会现状。相对滞后的立法，以及复杂多变的社会现状，催生了种种问题。这一矛盾在"职业索赔"这一问题上尤为明显。

（一）以消费者保护之名扰乱了新经济发展正常秩序

1994 年《消费者权益保护法》第四十九条规定，经营者提供商品或者服务有欺诈行为的，应当按照消费者要求增加赔偿其受到的损失，增加赔偿的金额为消费者购买商品的价款或者接受服务的费用的一倍。自本条"退一赔一"的规定开始，我国消费者权益保护程度不断加大。新《消费者权益保护法》和《食品安全法》中关于赔偿惩罚的规定，进一步助推了职业索赔者的热潮。根据上海市工商局 12315 中心公布的数据来看：3 年间，共接到职业索赔人投诉举报 14375 件，2015 年前 5 个月的数量已经是 2014 年全年的 9.9 倍，职业索赔人的投诉举报量的年平均增速高达 364%。

在增大消费者权益保护力度的同时，相关制度却成为职业索赔者的赢利工具。更有甚者以打假、索赔为基础，设立众筹项目吸取资金，用于索赔和打假的支出，并将所得赔偿作为回报发放给投资者。种种乱象，不一而足。由此引发了对于职业索赔者是否属于消费者的探讨：知假买假行为是否适用惩罚性赔偿？多年的争执，消费者、职业索赔者、商家各执一词。商家主张职业索赔者不属于消费者，其并非出于个人消费为目的而购买商品。职业索赔者则认为法律并无禁止性规定，"知假买假"不影响其主张消费者权利。

2013 年 12 月 9 日，最高人民法院审判委员会第 15 次会议讨论通过了《关于审理食品药品纠纷案件适用法律若干问题的规定》（以下简称《规定》），《规定》第三条指出：因食品、药品质量问题发生纠纷，购买者向生产者、销售者主张权利，生产者、销售者以购买者明知食品、药品存在质量问题而仍然购买为由进行抗辩的，人民法院不予支持。因此对购买者知假买假的，认定其具有消费者主体资格。其中首次明确"知假买假"不影响消费者主张权利。最高人民法院曾在接受采访时表示，不能仅以购买人主观上明知所购商品为假货，就认为其不是为了生活消费。消费者不仅包括为自己生活需要购买物品的人，也包括为了收藏、保存等需要而购买商品，以及替家人、朋友购买物品，购买商品赠予他人的人。消费是由需求引起的，消费者购买商品和接受服务的目的是满足自己的各种需要。任何人只要购买商品和接受服务的目的不是将商品或者服务再次转手谋利，不是专门从事商品交易活动，其购买行为就属于生活消费。

然而，对知假买假的争议并未因此停止。不可否认的是，职业索赔者（或者称之为职业打假人）在一定程度上，其行为客观上是在为消费者维权，打击不良商家。客观上能够起到抑制假货制造、销售的作用。同时由于其具有较为充沛的时间、精力，较为精进的法律和诉讼知识，也将使其维权的可能性大大提高。但是，其负面影响同样不容忽视：该行为使法律对消费者权益的保护成为职业索赔者的赢利工具，其有组织、日常化的活动，实际上与消费者的定义背道而驰。同时，在实践中，许多的职业索赔者并不关注商品本身的质量问题，而将注意力集中在标签、品名、宣传用语上，导致商家在实际经营中战战兢兢，稍有不慎，就将面临来自职业索赔者的赔偿要求，扰乱了正常的交易秩序。

职业索赔问题的出现，是我国消费者权益保护立法和司法实践与现实交易生活脱节的一个缩影，从中可以看出新时代下消费者权益保护的困局与艰难。在各方的讨论和推动下，对于知假买假问题的规范和限制，也将在进一步的立法和监管过程中明确地被运用。

（二）应对问题的立法修法引发新的争议

《中华人民共和国消费者权益保护法实施条例》（征求意见稿）（以下简称《实施条例》）对此热点问题做出了新的回应，被视为是"职业打假人的'职业'拐点"。《实施条例》从公布的征求意见稿来看，职业打假人，将以赢利为目的的购买行为排除出消法的保护范围，在中国进行了20多年的职业索赔、职业打假行为将不再受到消法的保护："消费者为生活消费需要而购买、使用商品或者接受服务的,其权益受本条例保护。但是金融消费者以外的自然人、法人和其他组织以赢利为目的而购买、使用商品或者接受服务的行为不适用本条例。"

规定一出,一石激起千层浪。支持此条文者认为,以"赢利"为目的的购买不属于消费行为,理应排除消法的保护。而反对作此修改者则认为,"职业打假虽然有赢利目的,但客观上起到了净化市场作用,不应受到消法排斥。"

而在2016年11月公布的送审稿中,将"赢利"一次改为"牟利":

第二条 消费者为生活消费需要而购买、使用商品或者接受服务,其权益受本条例保护。但自然人、法人或其他组织以牟利为目的购买、使用商品或接受服务的,不适用本条例。

"赢利"到"牟利"的转变,再次引发社会关注。有人认为这只是用词的转变,并无本质区别。而有的观点则认为,"牟利"更突出了其不以消费为目的,进一步区分了消费者和职业索赔者之间的区别。工商总局在意见稿的起草说明中指出:在广泛研究了各方意见的基础上,《实施条例》吸收了发改委的意见并修改为"以牟利为目的",以更准确地表达立法本意和贯彻上位法《消费者权益保护法》精神。对于职业索赔者的行为,工商总局表示,实践中,"职业打假"多数是针对广告用语、标签标识等不规范现象,"真正打击假冒伪劣商品和经营者欺诈行为的作用很小。"另外,"职业打假人"群体迅速扩大蔓延,极大地浪费了行政、司法等公共资源,扰乱了市场秩序,导致经营者和"职业打假人"产生直接冲突,甚至酿成群体性事件,有必要及时加以遏制。

可以看出,职业索赔者这一问题,依旧是目前《实施条例》的主要争议之一。立法和执法机关应该更多地关注社会中的热点以及舆论走向,综合消费者、商家各方利益,才能确定合理的规范路径。

三 内外部共同促进的路径框架

新经济环境下消费者保护的困局,要求对于消费者权益保护需要新的路径框架。传统的立法、执法、司法模式无法应对新形式下层出不穷的复杂问题。政府在监管过程中，需要调动各方力量，积极参与，充分利用技术优势和新手段，完善治理，净化市场环境，保障交易安全和消费者权益。可以从以下两方面入手。

（一）内部路径

对于消费者权益的保护，也不能忽视对消费者自身关注、帮助和教育。

1. 界定和设定

首先需要确定的是对于消费者概念的界定。如前文所言的以"赢利"为目的的购买者，是否符合消费者的实质，对其进行保护与不进行保护，分别会带来何种程度的社会影响，都需要进一步的研究和界定。只有统一了消费者的界定和认识，才能够在司法和执法中使用同样的标尺，避免裁判和惩处的随意性带来的问题，给商家以合理的预期和风险预警，有利于营造健康和良性的消费环境。

2. 教育：知识、价值的双重传导

同时也不应忽视对消费者自身的教育和知识传导。虽然司法和行政执法能够保护消费者权益，但事后惩处和赔偿天然的滞后性，导致对于消费者权益的保护往往不尽如人意。因此，工商行政部门和行业组织应当承担起对消费者知识传导和价值塑造工作，一方面，培养其基本的判断意识，让消费者有能力识别一般的消费陷阱；另一方面，也要宣传维权途径及法律规定的相关知识，以便消费者维护自身权益。

对于消费者的价值宣导也是不容忽视的。消费者权益保护的相关法律法规，是为了保护消费中的弱势方而制定的一系类法律规范。其立法目的是实现法律的公平和正义价值之间的平衡。消法的相关内容相应地对消费者赋予了更大的保护力度。这也正说明，如果不是出于消费目的的购买行为实际上并不符合消费者权益保护法的保护范畴，应当直接适用合同法等相关法律规定。因此，应当通过宣传教育，让消费者明白日常消费和非消费的合同之间的区别，以及赋予不同保护力度的原因，一定程度上遏制知假买假、职业索

赔行为的出现，营造良好的交易环境。

（二）外部路径：社会力量的共同治理

外部是指相对于消费者自身而言的外部环境。新经济背景下，应当注重发挥社会力量参与治理，充分发挥平台的技术优势和数据优势，共同维护消费者权益。

1. 市场赋权：信用与信息的协同作用

消费者权益保护就其本质而言是对交易安全的保护。利用信息时代的优势，通过信用和信息的披露，充分发挥市场机制的作用，可以很好地保障交易安全。"信用"指的是对交易双方（特别是卖方）交易情况的披露，供消费者做出判断。通过对营业执照、资质信息、所有权情况、涉诉信息、行政处罚信息、交易纠纷情况和处理结果等的披露，可以充分反映出卖家的信用程度，以方便消费者判断和选择交易对方，起到风险预警的作用，避免消费者由于信息而受骗。对"信息"的利用体现在网络交易平台对交易实际情况的把控。对于交易中的双方身份、产品信息等都应当被充分利用，在面临纠纷时，可以作为确定权利主体、确定权属关系等的重要依据。避免消费者维权无门、维权无据的情况出现。例如，我国目前各大互联网服务平台在法律框架下构建的"通知－删除"机制，就是将销售商、主张权利人、消费者等各方信息结合起来，并通过各方举证进行判断，及时对侵权、假冒、仿冒产品进行规范治理，避免消费者和实际权利人的合法权益受损。

2. 平台治理：基于大数据人工智能主动识别与被动处理相结合

如前所言，大数据时代和人工智能的兴起对消费者权益保护提供了新思路。随着互联网销售的迅猛发展，互联网销售服务平台实现了海量级的销售，同时由于其交易特质，也是纠纷的高发地带。服务平台应当在新时代承担起新的使命。一方面，平台应当完善"被动处理"机制，当接到消费者投诉时，应积极介入纠纷中，对交易真实情况进行调查，并为消费者维权提供必要的便利和帮助，如提供卖家信息、法人、住所地、联系方式等。同时在司法和行政执法介入时，提供相关信息，固定证据。另一方面，平台也应当发挥其主动治理职能。平台可以利用其技术优势，对交易数据、纠纷案例数据进行分析，由此来评价违规行为高发的商家、高发的地域、高发的产品行业，基于大数据分析，对高危行业、高危地域甚至是高危商家进行预警，同时可以要求商家配合调查，如提供资质证明、交纳保证金等方式，防患于未然。对于平台发生的异常交易，可以及时采取风控措施，提醒消费者注意防范资金安全，并提供客服指导，防止消费者权利受损。对于确定违规、违法的商家可以及时提交工商行政部门处理。通过主动事先识别和事后的被动处理相结合，全面维护消费者权益，构建良好的平台环境，完善平台治理以作为公权力监督和治理的重要补充力量。

3. 建立线上–线下协调作用的立体监管机制

线上销售虽然脱胎于线下销售，但是其绝不仅仅是线下到线上迁移那么简单。互联网交易有其自身的特点。因此，对于监管机构而言，不能用传统的思维对线上销售行为进行监管，而应立足于信息时代的交易模式、支付手段、交易安全等多维度进行考虑，建立完善的监管机制。同时，随着移动支付的迅猛发展，线下销售模式也被赋予了互联网属性，这也要求监管机关对于线下销售行为的监管不能再止步不前，而应立足于时代，探索更具效率、更符合交易情况的监管机制。

同时，应当将线上、线下作为一个有机的整体。随着互联网布局的进一步扩大，线上和线下的界线不断趋于模糊。传统企业进军电子商务的例子屡见不鲜，而互联网发家的企业为了更好的用户体验，也开始布局线下实体店。应当建立充分的信息共享和公开机制，结合线上和线下的资源及信息，做到"线上违规、线下关注，线下违规，线上关注"，督促商家无论是线上经营还是线下经营，都需要遵守相关法律法规，不能做出损害消费者权益的举动。例如，2016年举办的"网约车发展与消费者权益保护研讨会"中，国家工商总局消费者权益保护局局长杨红灿谈到网约车与消费者的权益保护时指出："网约车发挥了市场公平竞争的机制、提高了行业的服务水平、极大满足了消费者需求，也间接让出租车行业提高了服务水平。不过，企业可以在一些方面做得更多，例如，建立网约车平台公司和驾驶员的信用记录，纳入国家信用信息共享平台；平台应及时处理好消费者投诉，不可踢皮球，建议建立先行赔付机制；竞争规范，不搞恶性竞争。"通过完善的信息共享机制，对网约车司机的违法犯罪记录进行"负面清单"筛查，对身份证、车辆行驶证、驾驶证进行"三证验真"，司机接单前需通过"人像认证"，设置"车型一致"的验证通道等。这些信息共享机制都很好地保障了消费者的权益。

信息安全的内涵

杜跃进[*]

国家网络空间安全协会网络治理和国际合作委员会

一 信息安全问题对互联网经济产生负面影响

当前互联网领域，信息安全问题突出、事件多发。一方面，这会使消费者的消费信心受到打击，会让消费者对使用网络产生抵触情绪，这对于通过互联网经济扩大消费是非常不利的。另一方面，增加了企业经营成本。企业要投入很多的成本在安全方面，或者因为出现安全问题，承担了非常多的损失。此外监管成本增高，政府头疼，因为要花费很多资金与人力、物力，企业也要承受随之而来的安全监管成本。

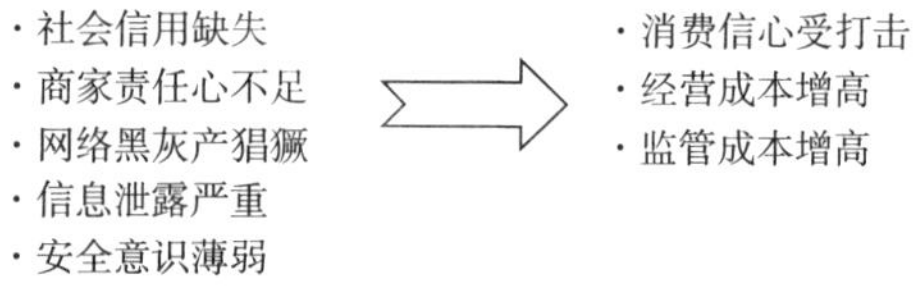

- 社会信用缺失
- 商家责任心不足
- 网络黑灰产猖獗
- 信息泄露严重
- 安全意识薄弱

⇒

- 消费信心受打击
- 经营成本增高
- 监管成本增高

图 1 当前影响互联网经济的信息安全问题

二 当前互联网领域突出的信息安全问题及应对建议

（一）社会信用缺失

社会信用缺失，一个是诚信意识不足，导致了大量消费者被利用参与到信用伪造、虚假交易之中。有些农村居民，为了一些蝇头小利，被网络黑客

---

[*] 杜跃进，国家网络空间安全协会网络治理和国际合作委员会主任委员。

利用，做了一些危害信息安全的行为，不法分子用很小的纪念品，就能够换到一个真实的身份证，群众的安全意识明显不足。一些群众在诚信意识方面也有所欠缺，他们有可能会受到利用，甚至在某种程度上协助犯罪。炒信或者虚假的评价都会导致互联网经济的指标失真，造成消费者信心下降，对很多商家和企业的正常经营产生不良影响。对此，我们有如下两点建议。

第一，要从多种方式、多个角度加大宣传，宣传信用的价值，增强群众的诚信意识。

第二，在国家统筹指导下，运用社会的力量，通过"互联网+"的方式，推进社会诚信体系的建设。在诚信数据建设、评估体系，还有应用推广方面，与优秀企业合作，让信用不同的人得到不同的对待，以此提升全社会诚信水平。

（二）商家责任心不足

有一些商家责任心不足，过分追求眼前的商业利益。极少数的小企业会做出违反公序良俗的事，比如说卖日本军旗等。某些大企业也存在研究搜索算法，通过作假把自己要推的东西排在前面的情况。除了搜索以外，应用商店也存在这类问题，存在不良内容，影响少年儿童的健康成长。搜索引擎里还有很多"暗链接"，把用户引到虚假的其他网站上去。针对此，我们有如下三点建议。

（1）除了对个人提供征信体系以外，对商家也要树立行业规范、加强诚信体系建设，特别是对小企业还要配套相关的认证技术，让拒不改正的违规商家在行业内无法生存。

（2）从行业角度发起联合倡议，提高搜索引擎、应用商店还有其他门户类服务提供商的意识和能力。

（3）充分调动社会资源，建立相应的激励机制，在信息安全方面发挥社会志愿者的力量。如阿里巴巴发起的"互联网安全志愿者联盟"吸引了来自全国276所高校在校生、全国诚信商盟盟友、残联和各届关注网络安全的社会人士共计5000多名志愿者，致力于举报违法违规商品、网络有害信息等。

十年间联盟志愿者已完成 15 亿次举报，其中残联志愿者们，在经过阿里专业培训后，分工负责审核模型图片、监测在线视频，已累计审核模型图片超过两亿张。

（三）黑灰产猖獗

日益猖獗的黑灰产势力，由于利益惊人，其组织化的运作对正常的互联网经济运行构成了严重威胁，需要加强打击力度。针对此，我们有如下三点建议。

（1）形成联合打击行动机制，压缩黑灰产生存空间。如用 QQ、微信、百度照样可以骗淘宝用户等。所以联合行动和机制势在必行。

（2）持续开展针对黑灰产新型网络骗局的研究。对于层出不穷的新型网络犯罪要开展合作研究，形成共同应对措施。

（3）借力公益性推广。一些信息安全保护软件是免费提供的，可以借助软件企业的公益性产品，帮助普通群众在一定程度上降低信息安全风险。如阿里安全为普通手机用户打造的"钱盾" App，相当于在手机上安装安全防护网，为海量用户在大数据反欺诈、伪基站溯源、钓鱼链接拦截、木马病毒查杀等多个场景保驾护航，最高可为用户提供赔付额高达 120 万元的防欺诈险。

（四）信息泄露严重

信息泄露带来了很多的风险。很多拥有数据的企业和机构，对于数据保护的意识不足、能力不强。因学费被骗的徐玉玉事件，就是因为小网站对数据保护意识不足，让不法分子获得了相关信息。拥有关键数据的企业、金融机构和政府部门，数据保护能力急需提高。针对此，我们有如下三点建议。

（1）要推广面向组织，而不只是面向信息系统本身的安全实践，在各机构内部提供全生命周期的保护。好的企业实践需要进行推广。

（2）要建立企业的数据安全保护能力衡量体系，让数据安全能力强的企业获得更多发展机会。有了这样的评价体系，数据保护方面做的好的企业，自然就可以获得更多消费者的认可、政府的认可，经营环境就更佳，这样才能形成良性反馈。

（3）在信息泄露方面的宣传教育仍然是不可或缺的。

（五）安全意识薄弱

人的安全意识薄弱，会导致所有安全防范手段最终都失去效果。很多机构信息系统是非常安全，但"内鬼"带来了各种严重问题，因此需要从机制和制度上保证信息安全，构建安全体系。针对此，我们有如下两点建议。

（1）需要联合各方面的力量，包括科协、互联网平台和高等院校等一起去做信息安全机制和制度的普及，以获得更好的效果。

（2）开展信息安全教育方法和内容的相关研究，以提高安全教育的实际效果。

普惠贸易的趋向

王 健[*]

对外经济贸易大学

一 普惠贸易趋势、成因及带来的挑战

(一) 普惠贸易趋势

互联网以及电子商务带来了全球贸易格局的变化。全球更多的中小微企业，甚至于个人都参与到国际贸易当中了。而以往的国际贸易都是大企业参与，即一般贸易，是集装箱、集运化的大规模贸易。而如今贸易呈现碎片化、小包化的趋势，消费者可以购买全球的货物，传统展会签约的交易金额也在大幅度下降。国际贸易当中出现了普惠贸易现象，实际上就是小单化、快递化的贸易。

(二) 普惠贸易成因

普惠贸易的出现，是由于全球贸易门槛降低了，这又是由互联网发展引起的。跨境电商平台的发展，使得交易前、交易中和交易后的贸易过程更加便利了。交易前找信息，出现了很多便利；交易中可以在互联网上达成交易；交易后贸易便利化，通过政府的清关、报关的行为也更加方便了。因此才形成现在普惠贸易的趋势。

(三) 普惠贸易带来的挑战

治理包括用什么样的制度和机制，使市场能够良性运作。传统治理方式一般是依靠政府出台法律、监管政策，监管办法，然后企业遵循这些规定。当前，越来越小单化，越来越碎片化的普惠贸易，实际上给政府监管带来了挑战。在

---

[*] 王健，对外经济贸易大学教授。

互联网、电子商务发展过程中，新交易机制、新商业模式、新市场主体的出现，对市场分配方式、分工方式产生了深刻影响，因此呼唤新的市场规则和新的监管方式。只依靠政府进行的监管方式，实际上遇到的困难越来越多。

二 普惠贸易治理方面应有的转变

第一，生态化治理。也就是说只靠政府的权威机构是不够的，必须有反映市场生态发展的机制、相互制衡的机制。

第二，协同治理。就是靠市场当中的若干个市场主体的协同，最后达到有效的治理目标。

贸易门槛下降将带来全球贸易格局的变化，未来这种碎片化的贸易要求我们市场当中的很多规则，必须改变以适应未来全球贸易发展趋势。我们要注重提出普惠贸易规则，其主要体现在外贸监管上，要从以下几个方面进行创新。

（一）落实个人外贸主体

个人外贸主体的合规性早已在法律中申明，但在实际操作中，个人外贸主体并没有得到落实，具体表现就是入境清关时，货物仍按照一般货物和个人物品进行区分，同时对个人物品征收行邮税。而在个人物品之外的货物，则必须按 B2B 的模式以一般货物入境，境内消费者无法随心所欲地购买世界范围内的商品。

在具体外贸实践中，消费者在国外买了汽车，想要入境，但是由于个人无法直接办理报关完税，必须找一家有进口权的外贸公司代理报关、完税、上牌等手续，不仅要缴纳 8%～10% 的代理费，还要缴纳关税（25%）、消费税、增值税（17%）等一系列费用，入境之后还要办理保修和维修的 4S 服务。消费者额外支付的费用已经接近 50%，跟直接在国内买"原装进口"的车花费差不多，甚至还会更多。

相较而言，西方国家对于对外贸易经营主体的问题历来比较重视，并且视其为外贸制度的基础，并且都做出了比较宽松的规定，如美国、欧盟及日本等国家都在其外贸法中规定自然人、法人及合伙企业都能自由获得对外自由贸易权。

中国对于个人贸易主体的重视也应该提上来，不仅仅是停留在法律规定的程度，而要上升到实践的程度，如此方能实现"买全球"的普惠贸易。

（二）推行低值货物免税

目前，中国对于进口货物清关时有两种方式，一种是按货物形式纳入海关贸易统计，以一般货物形式进行清关；另一种是按个人物品入境，自行申报，由海关收取行邮税。而中小跨境电商的贸易额度较小，大多是通过个人物品入境来实现货物进出口。

在个人贸易主体的推动下，货物不再区分一般货物和个人物品，更好的标准是按照货物价值来区别，即分为低值货物和高价值货物。普惠贸易下参与的大多是中小微企业，其贸易商品多为低值货物，推行低值货物免税政策可以减少中小微企业的赋税，降低其运营成本，给中小微企业减负。目前世界上许多国家已经针对低值货物推行了低值货物免税政策。各国对于低值货物的额度上限规定不同，如美国对于低值货物的上限就设得比较高，有利于扩大其中小微企业的货物进口。对于各国来说，低值货物免税的上限额度主要是根据中小微企业的贸易规模以及对本地产品的保护程度来参考制定的，但这种做法已经在国际上开始实行，对中国而言，也是推动普惠贸易发展的一种有效做法。

（三）PPP贸易监管

个人外贸主体的落实对于政府来说实际上是增加了监管的难度，政府难以掌握消费者个人的具体交易数据，对于外贸数据的统计以及海关的清关监管都会造成一定的困难。

与此同时，平台掌握着原始的交易数据，如果有这些交易数据的支持，政府的监管将变得很容易，因此，政府与平台间势必进行合作，PPP模式就是很好的选择。

所谓PPP模式，是指政府与私人部门间进行协同合作，为提供某种公共物品或服务，政府将部分权利赋予私人部门，双方形成一种合作关系。比如阿里一达通外贸综合服务平台，就是一个典型的可以作为公共部门和私营部门合作，并实行行政管理市场化的窗口。

未来的发展趋势应该是建立一站式平台，为跨境电商提供高效便捷的服务，覆盖供应链的两端。平台同政府合作，海关、质检、税务部门与平台系统连接。政府将部分监管职能赋予平台，比如海关和税务部门的单据申报及报税，可实现一站式申报，大大提高监管效率；而平台将监管的数据与政府共享，以便出现问题事后追查。

实际上，其他发达国家实质上也采用 PPP 模式，只是名字不同，在其他国家叫网络的增值服务商，比如在新加坡、中国香港、中国台湾、菲律宾、韩国，其海关报关都是靠私营部门来进行的。

PPP 模式实际上是小政府大社会，政府的监管不可能方方面面都亲力亲为，在海关、商检、外汇管理等方面政府监管都存在许多难题，而平台的大数据信息化管理能极大地提升监管效率，政府把部分监管的权力下放给平台就能极大地促进跨境电商商品的通关效率，推动普惠贸易的发展。

（四）eWTP 平台建设

未来的普惠贸易以平台为载体，实现中小微企业的线上交易，平台的作用毋庸置疑。2016 年，马云在博鳌论坛上又提出了"eWTP"的概念，旨在构建一个全球电子化交易平台，将 Amazon、eBay、速卖通等跨境电商平台联合起来，推动平台间的合作，用平台本身的规则来规范全球电商贸易，把它规范为国际贸易惯例。

eWTP 也是未来国际贸易规则的一部分，因此政府在参与制定的过程中，在未来的贸易世界中话语权加重。同时，统一的电子商务规则可以使国际监管协作更加容易，可以推行"单边关检，单边放行"，大大提高政府监管和贸易效率。

中小微企业在统一的规则下，自己从事跨境电商的资格在世界范围内都有了保障，其品牌可以在平台间同时推广，减少其信用成本。

消费者对于卖家实力的衡量也能用统一的标准，能够更好地识别劣质卖家及欺诈行为。

要推动eWTP平台建设，还要从平台推广、平台维护和平台治理三方面着手。

（1）平台推广：自律规范

平台规则要产生影响，就要进行推广，最重要的就是要有规范的管理体系，比较合理的就是自律加约束的管理模式。

参考国内各行业的从业资格认证机制，在eWTP的规则管理下，跨境电商也可建立一套资格认证体系并配套相应的培训系统，参与跨境电商的中小微企业必须先参加培训，并通过该资质认证方可进行贸易。在培训的过程中，中小微企业必须掌握跨境电商交易闭环中所有的相关知识，包括且不限于海关、税收、物流等相关操作流程。

eWTP平台相当于一个行业自律协会，负责电商企业的培训与资质认证。此外，还可以建立相应的奖惩体系与评级体系，规范电商企业的贸易流程。

（2）平台维护：信用保障

信用体系建设也是eWTP平台的一个重点。平台对于大数据、云计算应用的不断深化，为构建信用体系提供了技术层面的支持。

关于信用体系的构建，总的来说有两个思路，第一个思路是通过政府建立信用公共服务平台，包含信用评价、信用查询及相关咨询服务。但是由于政府建设存在滞后性，而跨境电商的发展势头迅猛，于是目前更多的是依托跨境电商平台的把关作用，即第二个思路。

参考阿里巴巴的诚信体系建设，首先，平台需要对注册的商家进行身份认证，保证每一个虚拟店铺都能够在现实生活中找到实际负责的人；其次，以海量的交易数据为基础，建立公开透明的信用评价体系，使每个人都能够查询到买家和卖家的信用等级，并且不断改进信用评价的规则，使其更加客观严谨；同时，平台需要建立业务流程保障，包括第三方支付担保如支付宝国际，打消消费者对于资金安全性的顾虑，而阿里巴巴推出的消费者保障计划包括先行赔付等措施更加推动了消费者的消费的热情；最后，设立明确的奖惩规则。如阿里小贷根据卖家的信用数据提供纯信用贷款，这能够在很大程度上解决中小微企业及个人的资金问题，同时也能够激励渴望发展壮大的中小微企业及个人遵守平台规则，共同维护平台的信用体系，而对于存在不诚信、欺诈行为的卖家实行店铺屏蔽、账号查封等惩罚措施，从而保护平台交易的有序进行。

（3）平台治理：国际仲裁

重视 eWTP 平台的治理，设立专门的稽查部门和仲裁委员会，一般问题通过稽查部门协调解决，解决不了的通过仲裁委员会进行国际仲裁。稽查部门和仲裁委员会的任职人员应来自世界各地，其管理模式参考国际组织的人员管理。

（五）隐私保护规则制定

普惠贸易通过平台交易实现，交易过程中会产生大量的跨境数据流，个人隐私泄露风险加大。如今个人对于隐私信息的保护意识越来越强，做好隐私保护可以增强消费者对于平台的信心，平台的用户留存率也会上升。

技术上来说，数据的加密和脱敏是可实现的，如贵阳大数据交易所，在数据交易之前对数据进行脱敏处理，平台在使用数据时也可以对个人信息进行脱敏处理，将数据格式标准化，屏蔽完整的姓名、证件号码、联系方式、地址等关键信息。

在未来的贸易世界，数据将会成为各方争夺的核心，对于数据的保护规则也会成为商业的核心规则。而数据可以创造价值，推动企业的发展，故在数据保护的同时也不能完全限制数据的使用，应注意一个度的问题。

目前国际上对数据的保护约有两种方式，第一种保护方式是以法律法规的模式严格限制数据使用，如欧盟的隐私保护。早在 1995 年欧盟就开始出台隐私保护条例，近日又通过了最新的《通用数据保护规则》（GDPR），公司必须确保在默认状态下自身产品和服务尽可能少地获取和处理个人信息，还重点强调"被遗忘权"，违反规则的公司或组织将被处以 4% 全球营收额的罚款。

相较于欧盟非常严格的数据保护政策，美国推动的 APEC 的数据保护规则是从行业自律的方面来进行的规范，即第二种保护方式。APEC 实施的跨境隐私规则体系（CBPRs）是一种自愿的认证体系，旨在促进 APEC 框架内实现无障碍跨境信息交换，并推动成员经济体中经营业务的公司对数据隐私保护的常规惯例达成一致，参与CBPRs的商业机构都发布在其认证目录网站上。

数据的使用和保护应该兼而有之，过度严格的保护会妨碍价值创造，而过度宽松的隐私保护又会损害个人的权益。规则制定的思路就是要在管制和保护之间找到一个平衡点，使个人权益得到保障的同时，经济也能腾飞。

（六）跨境消费者权益保护

在跨境电商中，消费者的安全保障权、知情权、依法求偿权容易受到损害。安全保障权主要是消费者无法控制货物在运输过程中出现的损坏；知情权主要是在跨境电商中消费者常处于不利地位，由于信息不对称而造成的权益损害；依法求偿权主要是在消费者受到损害时而依法享有的要求获得赔偿的权利。

若平台无法保障消费者的合法权益，消费者便很容易对平台失去信心，从而不在平台上进行贸易。如果所有的跨境电商平台都无法解决消费者权益保障的问题，那么消费者可能就不会再选择跨境电商的贸易方式，而是转向传统的线下跨境交易。

跨境电商在交易过程中，达成订单时没有明确的贸易合同，只有平台上的订单信息，而且涉及不同的国家，最主要的就是平台和国际规则间的协调。

第一，建立一个网上争议解决机制，消费者通过平台进行投诉，双方先进行调解，不能调解解决的由平台的稽查部门对贸易纠纷进行调查处理，并通过查封账号、列入黑名单等做法严惩交易违规行为。

第二，对于权益受损的消费者，可以在eWTP的框架下加入权益保障机制，平台对消费者先行赔付，进而取得代位追偿权，与保险公司为出口企业提供的出口信用保险相呼应，形成进出口的双向保障体系。

第三，在贸易双方自行协调和平台协调无效之后，可将争议提交给国际仲裁庭裁决，按一般贸易权益保护规则实行仲裁，作为最后的解决手段。

第四，关于法律适用，跨境电商可与传统贸易一样事前约定，在订单达成时增加一个关于法律适用的选项，可以选择使用国际惯例或是贸易双方的当地法律，相当于贸易合同中规定了争端解决和法律适用问题。

第四部分
互联网经济治理展望：从0到1与深化创新

互联网经济治理的发展动向

阿拉木斯[*]

中国电子商务协会法律专业委员会

一 互联网经济治理面临新局面

目前我国在互联网治理的很多方面都遇到了难题，如网约车新政、跨境电商"四八新政"、互联网金融的治理、个人信息安全被侵犯，等等。对于直接面对这些难题的政府部门，还没有找到更好的系统性的解决方案，基于事前、原子、物理环境和计划经济模式的治理思维依然尾大不掉，不能适应互联网经济快速发展的需求，现阶段互联网的治理需要更深层次、更大范围、更锋利的思考和创新。党的十八大提出的"五化"之一的"国家治理能力和治理体系的现代化"，以及习总书记在乌镇峰会上提出的中国对于世界互联网治理的新理念和原则等都需要进一步地破题和落实，这需要更多的实践和案例。

近二十年来，围绕互联网、"互联网+"、互联网经济和电子商务、共享经济、社交网络，出现了大量的新思潮、新观点、新概念和一些不断改变着我们社会的成功商业创新，有人将其称为人类的第二次信息革命，并认为我们已经步入了信息社会。这一切在怎样地改变着治理和法律，并进一步地带来怎样深刻的变革？我们作为治理方面的工作者和相关学者，不可以不像婴儿般的如饥似渴地好奇并了解，不可以不如履薄冰地敬畏、反思和警醒。

互联网思维的成功之处在于使用软件工程师的思维和方法论解决商业和社会问题，同时大量使用基于未来的思考来解决眼下的问题。在科学研究方

---

[*] 阿拉木斯，信息社会50人论坛成员、中国电子商务协会法律专业委员会副主任、网规研究中心主任。

面，无论自然科学还是社会科学，跨学科、协同地展开工作已经成为现代科学的发展趋势。经济学中务实、锐意创新的研究方法使其几百年来成为社会科学中的领头羊。我们认为，法律科学需要大胆、充分、彻底地使用互联网思维、跨学科思维和经济学的"实践是检验真理的唯一标准"的实证思维改造其方法论，摒弃唯经典、唯传统、唯权威的倾向和忙于解释经典的研究现状。需要更多的颠覆性创新和对方法论上深刻的反思，借助互联网，并融合东方的传统治理理念，实现信息社会治理和法律的转型升级，甚至脱胎换骨。

互联网经济已经成为我国经济转型升级的战略性产业。在世界舞台上，我国的 BAT 等企业也已经有了巨大的份额和话语权，创造了一个又一个商业和应用的奇迹。同时，他们在治理和创新方面，也逐步走出了中国特色的道路，结出了丰硕的成果，可以很好地进行深入研究和挖掘。

中国的互联网经济领域恐怕是世界上最佳的、不可多得的研究创新的试验田。这些来自平台企业的探索符合习总书记在乌镇峰会上指出的互联网治理的方向：互联互通、交流互鉴、共同繁荣、有序发展和多元共治。

虽然目前围绕互联网经济治理的问题千头万绪，一些问题的处理也是捉襟见肘。但我们相信，如果我们可以真正认识互联网自身的运行逻辑并在网规等自治规则的基础上形成多元治理的共识和体系，并得到有效实施，互联网经济的治理一定可以迅速成为我国诸多治理领域中最为高效和成功的模板，就如同电子商务领域的信用制度得以迅速建立并发挥作用一样。

在此基础上，线上的治理会深刻带动线下治理的转型升级，全面实现治理领域 O2O 式的互动发展，形成我国面向信息社会的、引领全球的现代治理体系。

二 互联网经济治理进程动向

（一）技术治理

基于互联网源头的治理思考。最初的设计者在设计互联网时引入了怎样的治理理念和逻辑，或者其中的逻辑关系如何在底层影响了今后互联网上的各种行为和治理？这包括对 TCP/IP 协议从法律和治理关系上的分析思考。

技术与法律的关系。在互联网法制建设的过程中，是如何逐步依靠技术措施和手段实现治理的目的并将技术措施融入法律的？典型的方式是电子签名法。今后类似的法律还会有哪些？

同时，从这一环节扩展开来，我们希望可以从不同学科的角度反观和反思法律，如经济学、社会学、生物学、物理学，等等。以建立围绕法律和治理的协同学。

（二）代码治理

如何理解互联网治理中的代码治理？美国哈佛大学教授莱斯格提出了代码就是法律的著名观点，他认为对对象的制约包括了四个方面：法律、架构、社会规范和市场。对互联网而言，架构就是代码。

那么，我国的互联网平台等网络服务提供者是如何自觉或不自觉地有效使用这一工具和思维方式的？这种解决问题的方法将如何应用在其他领域的治理中并改变我国的治理现状，成为治理现代化中的重要的一极？

（三）"互联网+"法律和大数据治理

作为诸多领域"互联网+"的一环，"互联网+"法律将对法律带来怎样的改变，包括目前已经在运行的各种应用模式的现状，可能带来怎样的改变？其中也包括电子政府和电子化的司法体制等。这个问题的另一个角度可以被称为大数据治理，大数据将如何改变治理，带来大数据治理，大数据治理的本质和核心是什么？

（四）主体非人化

千百年来，人类社会的主体都是唯一的人，而这一大局可能会在今后 20 年内被打破，随着 2016 年 AlphaGo 战胜围棋选手李世石，机器人的智力和能力第一次有望超过人类，而这种智能主体也已经在被引入治理领域，成为治理的主角和亮点。

那么，法律主体、治理对象和治理主体的非人化、智能化将带来怎样的变革和挑战，如何规范机器人和人的关系？我们是不是需要考虑制订一部《机器人法》？如何前瞻性地看待这一问题，应及时做出应对和准备。

（五）网络自发秩序

如何理解互联网的自发秩序？作为一个群系统或生态系统，互联网像有机体一样，有着自我净化和进化的能力，这一能力也会反映在治理层面。那些看似混乱的网络现象背后存在怎样的内在逻辑，这种类似于生态环境的自我净化是如何运转实现的？为什么我们不应该将互联网的混沌看作无序，怎样利用这样的自发秩序更好地为治理服务？

（六）网规治理

网规等自下而上的草根治理是如何有效实现和发展的？淘宝平台历经十余年的发展，沉淀了数以千计的网规，它规范的内容涵盖了从用户注册、开店、商品展示、交易、支付、配送、售后服务、纠纷处理等环节，其中的创新点和有价值的治理思路有哪些？这些探索如何在我国国家治理现代化中成为治理创新的源泉之一，并成为我国信息社会治理的样板？

平台由于其服务范围的全球性，容易跨越各国法律和司法的沟沟壑壑，形成基于契约和网规的治理，对各国基于主权私法的网络治理具有重要的补充作用，这也正是我国提出 eWTP 国际规则体系的基础之一。为此，我们需要进一步研究，国际互联网治理倡导的多利益相关方协同治理和多元治理在我国各种平台的网规中是如何实现的。

（七）平台经济模式

平台经济、平台现象和平台模式在治理和法律层面的含义和影响将是怎样的？平台的双边市场结构与网络经济模式融合，是否产生了其独特的中立性和治理需求，并在网规的基础上发挥了独特的治理作用，成为中国特色的互联网治理的最大亮点之一。进而应考虑如何在深刻认识这一发展规律的基础上建立科学合理的我国的平台责任体系。

（八）美国的治理经验

美国的法律制度、判例法体系、治理理念和治理创新是如何有效帮助硅谷引领了世界互联网经济的发展？这些经验我们应当如何学习和借鉴？

（九）法律对改革打破既有规则的认可

我国互联网经济治理和治理现代化中的"灰度法则"如何进行及时确认，其本质是改革开放如何在法制层面沉淀经验的问题，即如何在现有法律规定不变的前提下，对那些看似按照法律规定不合法的商业创新和应用，实施有利于全局和发展的"网开一面"？这样的案例一再发生，从支付宝的诞生到今天人们对网约车合法性的争论，是我国互联网创新必须解决的本源问题。

（十）信用治理

信用制度在治理中的作用以及其与法律的关系。信用制度自身的法律体系如何构建？信用中的基本权利应该如何确定和归属？互联网信用拥有特殊价值和贡献，如何打通各种信用体系并实现联合惩戒？

（十一）治理O2O

线上的治理如何有效地帮助线下的治理，实现治理现代化的O2O？

（十二）治理的未来观

在治理与法律中引入未来观。信息社会的治理、法律和制度体系究竟会是怎样的？为了实现平稳的过渡，我们今天应该怎样做？

发现面向未来的互联网经济治理创新

高红冰 [*]

阿里巴巴集团、阿里研究院

今天，各界在实际推动数字经济发展上，遇到了前所未有的挑战。这个挑战对处于商业实践一线的互联网平台公司来讲是非常重大的，对于作为监管者的政府部门来讲也是非常重大的。这个问题不是那么容易解决的。现在出现了很多争论，这些观点梳理起来主要有以下两种。

第一种观点认为：互联网发展得那么快，发展得那么好，是因为政府没有管它。过去20多年，要是一上来政府就严管，互联网经济也就不会得到今天这么快的发展了。从电子商务的发展历程来看，大家总结经验的时候说，因为政府没有严管，或者是表面上管了，但是实际上没过多过严的管，所以才一不小心发展得这么快。当然发展起来以后也产生了很多问题，从政府角度来看问题很多，但是从业界来看并不存在那么多问题。

第二种观点认为：互联网经济已经长得这么大了，该管了。2016年财年，阿里巴巴的GMV超过了三万亿元人民币。GMV三万亿元、两万亿元、一万亿元的区别在哪里呢？三万亿元是一个显著的标志，因为三万亿元的规模超过了工业经济时代最大的零售体系沃尔玛。三万亿元是一个拐点，它发出强烈的信号，说明互联网经济的零售体系已经比工业经济的零售体系强了，接下来的五年将会超越至它的两倍，或者是三倍，这是很强的一个信号。基于这一信号就会有不同的考虑，认为到了该管的时候了，某些传统企业也发出了不同的声音，恐怕现在已经不是对和错的问题，而是不同利益方之间的突出问题。因此现在就要讨论是不是应该寻找一个治理方案，以及选择何种治理路径了。

---

[*] 高红冰，信息社会50人论坛成员，阿里巴巴集团副总裁、阿里研究院院长。

企业（包括了新企业和传统企业在内）或者市场怎样去达成共识，政府在当中应起到何种作用，都引起了社会关切。可能治理问题更大的挑战在于，在应该要管的基础上，用什么思想来管，用什么框架来管。可以肯定地讲，用19世纪工业经济的体系去管互联网经济，肯定不行。那用什么来管？现在没有现成的答案，需要各界认真研究。

治理模式将发生重大转变，以三万亿元的规模出现为标志的互联网经济超越工业经济的过程中，制度需要创新，治理的整个框架体系也需要创新，创新应有的最大特点就是出现了我们讲的多利益相关方，换句话说就是需要用多方治理的思想，用生态化的治理思想来重构我们对新经济体系的治理。简单地自上而下，政府管市场的逻辑和做法，已经不适应今天复杂的商业生态系统和如此复杂的互联网经济现状及其未来的发展。

在互联网商业生态系统的演进过程当中，发展中的市场呼唤新的监管方式、新的治理制度和机制。治理的创新，目的在于协调创新发展与依法行政的关系。依什么法？依19世纪的法来治理新业态，肯定是要出问题的。这个时候创新发展里面必须要包括制度创新、监管创新，所以依法要依创新的法，而不是依过时的19世纪的法。

通过研究与实践，我们能够把创新的解决办法找出来，以其为出发点可以跟整个市场的监管者进行沟通，而不只是企业诉苦说政府不该怎么怎么管，因为这个时候政府也不了解更好的解决方法。当前就需要参与这一市场的互联网平台、服务商、各类企业、消费者，以及社团组织等要一起坐下来同政府一道开展研究，应该怎么去监管，怎么实现在新技术、大数据、强信用条件下实现治理创新。

图书在版编目(CIP)数据

互联网经济治理手册/信息社会50人论坛主编. -- 北京：社会科学文献出版社，2018.1
ISBN 978 - 7 - 5201 - 1796 - 8

Ⅰ.①互… Ⅱ.①信… Ⅲ.①网络经济 - 研究 Ⅳ.①F49

中国版本图书馆CIP数据核字(2017)第281024号

互联网经济治理手册

主　　编 / 信息社会50人论坛

出 版 人 / 谢寿光
项目统筹 / 恽　薇　王婧怡
责任编辑 / 王婧怡　刘宇轩

出　　版 / 社会科学文献出版社·经济与管理分社 (010)59367226
　　　　　　地址：北京市北三环中路甲29号院华龙大厦　邮编：100029
　　　　　　网址：www.ssap.com.cn
发　　行 / 市场营销中心 (010) 59367081　59367018
印　　装 / 三河市尚艺印装有限公司

规　　格 / 开　本：787mm × 1092mm　1/16
　　　　　　印　张：13.5　字　数：200千字
版　　次 / 2018年1月第1版　2018年1月第1次印刷
书　　号 / ISBN 978 - 7 - 5201 - 1796 - 8
定　　价 / 58.00元

本书如有印装质量问题，请与读者服务中心 (010 - 59367028) 联系

▲ 版权所有 翻印必究